HISTOIRE

DE

NOTRE-DAME DU GRAU

Par l'Abbé J. OURADOU

ANCIEN AUMONIER DE N. D. DU GRAU

MONTPELLIER

Roumégous et Déhan, imprimeurs

—

1914

HISTOIRE

DE

NOTRE-DAME DU GRAU

EXTRAIT de la *Revue historique du diocèse de Montpellier*
(année 1912-1913)

HISTOIRE

DE

NOTRE-DAME DU GRAU

Par l'Abbé J. OURADOU

ANCIEN AUMONIER DE N.-D. DU GRAU

MONTPELLIER

Roumégous et Déhan, imprimeurs

—

1914

HISTOIRE

DE

NOTRE-DAME DU GRAU

AVERTISSEMENT

J'ai longtemps hésité à entreprendre cette nouvelle histoire de Notre-Dame du Grau. Au Père Ernest Marie de Beaulieu, capucin, qui m'engageait à faire ce travail, je répondis qu'il y aurait témérité de ma part à oser venir, après l'abbé Martin d'Agde, pour dire médiocrement ce qu'il avait dit lui-même avec son élégance si justement appréciée. Il avait d'ailleurs puisé aux meilleures sources, comme la *Gallia Christiana,* et il semblait qu'il avait tout dit. Dès lors ne convenait-il pas uniquément de reproduire son travail, ce qu'avait déjà fait son neveu, l'abbé Vidal, missionnaire apostolique et aumônier de l'Oratoire Saint-Augustin à Montpellier.

Mais le P. Ernest m'indiqua une source précieuse qui avait manqué à l'abbé Martin. Ce sont les archives des Capucins qui occupèrent Notre-Dame du Grau pendant deux siècles. J'écrivis au couvent de Toulouse, et on me renvoya au Père Apollinaire, de Valence, historien de la province. Son histoire m'a bien servi, et les détails que j'y ai trouvés, combinés avec ceux de l'abbé Martin, rendront, je crois, cette nouvelle histoire de Notre-Dame du Grau assez intéressante.

Une notice sans nom d'auteur, datée du 3 mai 1833, et les travaux de l'abbé Mariès, ancien curé de Saint-Jude à Béziers, et de l'architecte d'Agde, Charles Laurens, m'ont été aussi très utiles. Le premier pour les faits arrivés pendant la Révolution et les temps qui l'ont suivie, jusqu'à l'année 1873 ; le second s'occupe des chapelles du Rosaire, que l'on voyait jadis le long de l'ancien chemin qui allait de la ville à Notre-Dame.

Que Dieu bénisse ces modestes pages, et que la bonne Mère du Grau en soit glorifiée. C'est ce désir qui me rassure, et me donne quelque confiance en l'indulgence du lecteur.

Aspect du pèlerinage de Notre-Dame du Grau

Lorsque le pèlerin, chrétien pieux ou simple touriste, approche des sanctuaires où la Mère de Dieu a voulu être honorée, il est frappé du symbolisme qu'offrent ces lieux. Tantôt c'est une grotte profonde qui inspire le recueillement ; tantôt c'est une montagne à gravir, dont la hauteur invite l'âme à élever ses pensées vers la patrie céleste. Ici c'est un cours d'eau, et souvent une source miraculeuse, emblèmes des grâces sans nombre que Marie se plaît à répandre ; là c'est une campagne émaillée de fleurs, images des vertus que la Vierge veut nous voir pratiquer à sa suite. Ce symbolisme produit dans l'âme un charme indéfinissable, et l'on sent qu'il fait bon être en ces lieux, dont le mystère captive.

Le pèlerinage de N.-D. du Grau lui aussi a son charme, et là, comme ailleurs, la pensée s'élève, et le cœur se livre volontiers aux douces émotions de la piété. Tout d'ailleurs, là, vous captive. Et cette végétation superbe d'une campagne déposée par la mer qui a reculé ses rives ; et les blanches voiles des bâteaux de pêche, que l'on voit à travers le feuillage, glissant sur les eaux de l'Hérault ; et les échappées de ciel qui laissent voir, d'un côté le Mont Saint-Loup avec l'enceinte et la tour du phare disparu, et de l'autre le panorama des lointaines montagnes qui avoisinent les départements du Tarn et de l'Aveyron ; enfin les ombrages qui permettent au pèlerin de se reposer de ses fatigues : tout cet ensemble donne à ce paysage le charme d'une oasis, dont l'agrément vous attire, lorsqu'une fois on l'a goûté.

Le soir surtout, lorsque les ombres de la nuit s'étendent sur ces lieux, l'âme est saisie d'une émotion profonde. En entendant les mugissements des vagues, et quelquefois les terribles grondements de la mer en courroux, on admire Dieu dans les élans des grandes eaux, pénétré que l'on est par le mystère que revêt cette solitude.

Si, avec tout cela, on fait revivre le souvenir des pieux ermites qui gardaient le modeste oratoire des premiers temps ; si l'on pense aux moines qui, plus tard, traversaient silencieux le cloître, allant au chœur pour y chanter les louanges de Dieu et de sa Sainte Mère, on sent que de grandes vertus ont sanctifié ces lieux, et l'on éprouve le besoin de devenir meilleur.

Mais l'intérêt s'accroît encore si l'on évoque la grande figure de Henri Ier de Montmorency, dont la dépouille mortelle repose, depuis trois siècles, dans l'église qui fut son œuvre. On pense à sa noblesse, et l'on reconnaît la vanité des grandeurs de ce monde ; on pense à sa conversion, et on admire les miséricordes de la Vierge du Grau, qu'il a tant aimée.

Il faut le dire enfin, le principal attrait du béni sanctuaire se trouve en cette pierre miraculeuse que la Mère de Dieu a sanctifiée par sa maternelle visite. C'est pourquoi privé du bonheur d'aller vénérer les vestiges des pieds du Fils au mont de l'Ascension, on éprouve du moins une véritable fierté de posséder l'empreinte des genoux de la Mère. Comme l'Apôtre, on se dit qu'il fait bon être là, et, volontiers, on y dresserait sa tente. Mais l'heure du départ a sonné ; on regarde une fois encore cette pierre bénie, et l'on promet de revenir.

CHAPITRE PREMIER

Les origines du pèlerinage agathois

Il serait peut-être utile de parler d'une première ville fondée au pied du Mont Saint-Loup et appelée Agathé, et de dire comment il se fait que la ville actuelle porte le nom d'Agde, qui n'est qu'une corruption de celui de la ville primitive. Nous renvoyons le lecteur à un appendice, et, affirmant que c'est auprès de la dernière cité que s'est déroulée l'histoire de N.-D. du Grau, nous entrons immédiatement dans notre sujet.

Au milieu du Vme siècle, vers l'an 456, un riche oriental, venant de la Syrie, cherchait une solitude pour s'y sanctifier dans la prière et la pénitence. Son frêle esquif échoua dans les sables du bras de l'Hérault seul existant aujourd'hui qui, en ce temps-là, n'était pas navigable. Remontant le fleuve avec de grandes difficultés, le pieux étranger se présenta à l'évêque Béticus, homme d'une vertu éminente, qui, nouveau Jérémie, pleurait sur les ruines de sa ville. Incendiée et détruite en 407 dans la grande irruption des Barbares, cette malheureuse ville se relevait à peine de ses ruines, qu'elle eut à subir les horreurs d'une nouvelle dévastation. Les Alains venaient de la traverser, et tandis que les maisons renversées jonchaient la terre de leurs tristes décombres, le peuple manquait de pain, et les nobles citoyens avaient été emmenés en captivité. Emu par le spectacle de si grands malheurs et par les larmes de l'évêque, Sevère, c'était le nom de l'étranger, déposa aux pieds du pontife ses immenses richesses, remerciant la Providence de lui en avoir préparé un si noble emploi.

Cet acte d'abnégation accompli, Sevère voulut suivre le conseil évangélique dans toute sa perfection, et, après avoir

rendu la liberté aux esclaves qui l'avaient accompagné, il se
retira à deux mille pas de la ville, dans la solitude, près de
l'endroit où il avait abordé. Il y éleva un modeste oratoire
qu'il dédia à la Mère de Dieu, et, à côté, un ermitage plus
modeste encore, où il commença à reproduire les merveilles
de pénitence de la Thébaïde. Sa vie sainte lui attira des disciples, qui voulurent se mettre sous sa direction.

L'évêque et le peuple admiraient eux aussi la sainteté de
Sevère, et le considérant comme une égide protectrice, ils
résolurent de l'appeler auprès d'eux. Ils lui firent construire,
près de l'église épiscopale de Saint-André, un monastère, où
il eut bientôt sous sa conduite jusqu'à trois cents disciples.
Le saint se rendit aux désirs de l'évêque, mais il laissa dans
la solitude du Grau quelques-uns de ses premiers fils spiri-
tuels, pour la garde du modeste oratoire de la Vierge Marie.

Telle fut l'origine du N.-D. du Grau ; mais la Vierge ne
voulut pas se contenter de ces humbles commencements. Elle
daigna consacrer elle-même ces lieux, et elle le fit par une
merveilleuse apparition. La mer, un jour, fut soulevée par
une tempête d'une violence inouïe. Les flots avançaient toujours envahissant les terres, et, tandis que l'Hérault inondait
la contrée, un tremblement de terre aggravait le danger, et
glaçait les cœurs d'épouvante.

Plein de compassion pour une ville jadis si éprouvée, un
des ermites se mit en prière pour implorer la miséricorde
divine par l'entremise de Marie. Or il n'avait pas encore ter-
miné sa supplication, que la Mère de Dieu lui apparut à
genoux sur une roche basaltique encore respectée par les
flots. La Vierge Marie unit sa prière à celle de son serviteur,
et aussitôt la puissance de son intercession se manifesta. Les
vents se calmèrent, et tandis que l'Hérault rentrait dans son
lit, et que les secousses du tremblement de terre cessaient, la
mer s'éloigna de ces lieux qu'elle ne devait jamais plus me-
nacer.

La ville était préservée d'un épouvantable désastre, mais
la Vierge ne se borna pas à ce seul bienfait. Elle voulut aussi
laisser aux Agathois un souvenir précieux de son apparition,

et leur donner un gage de la protection qu'elle voulait leur accorder à travers les siècles. En effet, le fervent ermite ayant voulu visiter et baiser la pierre sur laquelle la Mère de Dieu avait daigné s'agenouiller, il remarqua une cavité qu'il n'avait jamais vue auparavant. C'était l'empreinte du genou virginal de Marie, que l'on possède encore, et dans laquelle on entretient par dévotion de l'eau, qui plus d'une fois a produit des effets merveilleux. On en verra plus loin deux exemples.

Telle est l'histoire de cette merveilleuse apparition, qui a été fixée dans les six vers latins qui suivent, par l'un des premiers Capucins qui habitèrent le couvent de N.-D. du Grau. Pour l'intelligence de tous nous en donnons après la traduction.

Visa est Virgo parens supplex genibusque
Sistere vim pelagi, frænosque imponere ponto,
Et signare sacris genibus venerabile saxum.
Et tunc virgineas nunquam transcendere metas
Ausa est unda ferox, placidis sed fluctibus ambit
Littora divinæ genibus signata Mariæ.

Ici parut la Vierge, en prière à genoux.
A la mer en fureur fixant une barrière,
De ses genoux sacrés elle marqua la pierre.
De Marie, à jamais depuis, dans son courroux,
L'onde n'osa franchir la virginale empreinte,
Mais le flot doucement heurte la rive sainte.

A quelle époque cette apparition a-t-elle eu lieu ? On en ignore la date précise. Il en est parlé au XVIᵐᵉ siècle, à l'occasion de l'arrivée des Capucins sous l'évêque d'Agde Bernard du Puy, mais c'était la tradition d'un fait déjà passé depuis longtemps. A notre avis, la date doit en être placée dans les trois cents ans qui s'écoulèrent entre la mort de saint Sever, arrivée vers l'an 500, et la fusion de ses disciples avec ceux de saint Benoit, effectuée au commencement du IXᵐᵉ siècle. Si cette apparition était arrivée après la réunion des deux communautés, il est probable que les Bénédictins n'auraient pas manqué d'en conserver la date. D'un autre côté, le tremblement de terre dont il est parlé autorise à accepter cette hypothèse. Le pays était en effet très volcanique, et, par suite, exposé à de fréquentes commotions ; or c'est de temps immémorial que les volcans d'Agde sont éteints, même le plus considérable, appelé la Crémade, que l'on voyait au Mont Saint-Loup.

CHAPITRE II

Les chapelles de Notre-Dame du Grau

Un lieu si vénérable ne pouvait être délaissé. On éleva au-près de la pierre miraculeuse une colonne, que les Capucins virent à leur arrivée surmontée d'une statue de la Vierge. Elle était destinée à indiquer au loin l'endroit béni où la Mère de Dieu avait daigné apparaître.

Dans la suite, on dut bien rendre plus convenable l'oratoire de Saint-Sever ; mais ce fut surtout lorsque les disciples du Saint se furent réunis à ceux de saint Benoit, que l'ermi-tage devenant un monastère, le modeste sanctuaire fut rem-placé par une église que certains disent avoir été magnifique. Dès lors, le pèlerinage prit chaque jour une plus grande im-portance. On y vint plus nombreux, et cette église enfin se trouva trop étroite. D'autre part, arriva un jour où le service ne pouvait y être régulier, car, les Bénédictins s'étant retirés, il n'y eut pendant de longues années, qu'un ermite pour gar-der le sanctuaire.

C'est pourquoi Henri Ier de Montmorency, connétable de France, y appela les Capucins, de concert avec la duchesse Antoinette de Lamarck, sa femme, et du consentement de l'évêque. Il fit d'abord construire le couvent, que les Capucins voulurent très petit, et qui, plus tard, devint un des plus beaux et des plus vastes de la province. Il était si beau, et les jardins en étaient si bien entretenus, que le Général de l'Or-dre, venu en cours de visite en 1714 ou 1715, s'écria, en en-trant : « *Estne vera domus sancti patris Francisci ?* Est-ce bien ici une véritable maison de notre père saint François ? » Le Connétable, disent certains, y avait fait élever une tour, pour servir de refuge aux religieux en cas d'invasion des pirates de mer. C'est peut-être ces invasions qui avaient décidé les Bénédictins à abandonner ces lieux ?

Les Capucins prirent possession du couvent vers la fin de l'année 1584 (1) ; et, après leur installation, on remplaça l'ancienne église des Bénédictins par une autre plus vaste, qui fut consacrée, le 5 juillet 1609, par Bernard du Puy, évêque d'Agde. C'est l'église actuelle dont la voûte fut faite, et peut-être seulement restaurée en 1745 : date que l'on voit à la clef de voûte de la dernière travée.

La nouvelle église fut dédiée à la Sainte Vierge et à saint François, ce qui n'empêcha pas les religieux de donner le vocable de leur père à une des six chapelles latérales. En effet, dans un mémoire, daté de 1726, sur l'état et les prérogatives des couvents de la province de Toulouse, il est dit que « l'autel de la chapelle Saint-François dans la grande église a le privilège pour les morts, en vertu d'un bref de Paul V, et c'est le plus ancien privilège dont jouisse notre province. »

En face de cette église, à cent mètres environ, on en voit une autre plus petite. On l'appelle la Genouillade, parce qu'elle s'élève à l'endroit même où la Vierge apparut à genoux, destinée qu'elle est à protéger la pierre de l'apparition. En considérant la simplicité de sa construction, on croirait que cette chapelle est beaucoup plus ancienne que la première, comme certains l'ont pensé. Or elle a été construite après, comme on le voit dans le mémoire de 1726, déjà cité. Il y est dit en effet : « Après avoir pris possession de ce saint lieu, on bâtit une grande église à la place de la petite chapelle, et plus tard une autre petite chapelle à l'endroit même de l'apparition. » D'un autre côté, la date la plus ancienne à laquelle il est parlé de cette chapelle, est l'année 1630.

La Genouillade fut l'objet d'un soin particulier, sinon dans son architecture complètement nulle, du moins dans son ornementation. Elle fut en effet ornée de peintures, dont on voit

---

(1) La date 1583, donnée jusqu'ici, est celle de la proposition faite par le Connétable au Père Gaspard de Pavie, fondateur de la province de Toulouse, par commission du Général de l'Ordre.

encore des vestiges à la voûte. Malgré leur dégradation on peut facilement reconnaître les mystères du Rosaire, dont la disposition permet de croire que ces peintures datent de la pose des armoiries à double écusson que l'on y voit, portant la date 1667. Si, comme certains l'ont pensé, ces peintures dataient du vivant du Connétable, le mystère de la descente du Saint-Esprit manquerait, car la pièce héraldique occupe le troisième panneau de la série des mystères glorieux. Or il n'y a point là de lacune, et ce mystère suit le double blason. Il manque bien le cinquième mystère, mais c'est le dernier, et il dut être réservé pour le grand espace, qui va des quinze tableaux jusqu'au-dessus de la Table de Communion, afin de mieux représenter le Couronnement de la Vierge, et la Cour céleste recevant sa Reine. Les couleurs qui percent à travers l'ignoble badigeon qui les recouvre semblent le révéler.

Avant de quitter la chapelle de la Genouillade, il ne sera pas sans intérêt de mentionner un incident soulevé par l'évêque Louis Fouquet, qui occupa le siège d'Agde de 1658 à 1702. Peu favorable aux Capucins, sans doute à cause de ses tendances jansénistes, il essaya de s'approprier la Genouillade, sous prétexte d'établir là son séminaire. Il donnait pour raison que, séparée du reste des constructions, elle était chapelle rurale, et, comme telle, lui appartenait de droit. Le roi, à qui il s'adressa, ne répondit pas à sa requête, et les Capucins, pour mieux assurer leur possession, élevèrent deux murailles basses, formant allée et reliant leur enclos à la chapelle.

A part les deux églises dont il vient d'être question, il y avait aussi, avant 1793, quinze petites chapelles, échelonnées sur l'ancien chemin qui conduisait de la ville à Notre-Dame. Certains ne réfléchissant pas, sans doute, au nombre quinze, ont cru qu'elles représentaient les stations du Chemin de la Croix. Comme nous le pensions, et comme l'affirme l'ancien architecte d'Agde, Charles Laurens, dans une notice très documentée, ces chapelles étaient dédiées aux mystères du Rosaire. On lit en effet dans le mémoire de 1726 précité : « De la ville à notre couvent, il y a quinze oratoires qui représentent les mystères de la Vierge. Ces oratoires ont été fondés par le roi, par des corps de ville, et par des personnes de la première distinction ; ils nous appartiennent, mais les fondateurs se chargent de leur entretien. En allant de l'un à l'autre on peut réciter une dizaine de chapelet » (1).

Trois de ces chapelles existent encore, mais une seule a été rendue à sa pieuse destination par feu le docteur Cauvy et sa famille. C'est la dixième, consacrée au Crucifiement, et appelée par le peuple la Chapelette du Saint-Christ. Elle se trouve à la bifurcation où la route, se détournant des bords de l'Hérault, va directement sur Notre-Dame. A l'angle même formé par les deux routes, on voit une belle croix érigée par les soins et la libéralité des restaurateurs de la chapelle. Les deux autres oratoires, dont l'un surtout est dans un état de conservation qui laisse beaucoup à désirer, sont celui du premier mystère joyeux, qui se trouve auprès de l'ancien établissement des Frères, aujourd'hui école Jeanne-d'Arc, et l'autre est celui du cinquième mystère glorieux, qui est contigu à la maison ayant appartenu à la famille Balguerie, aux abords de Notre-Dame.

Parmi les chapelles qui n'existent plus, deux méritent une mention spéciale pour le charme qui s'y rattache. C'est d'abord la deuxième, que l'on appelait vulgairement « La Capèlo dé las Isabèlos. » Pendant l'octave de la Visitation, dont elle rappelait le mystère, les personnes pieuses allaient chaque soir y chanter le *Magnificat* et le *Salve Regina*. C'est ensuite la onzième, qui représentait le mystère de la Résurrection. Elle se trouvait sur une terre appelée « le Champ des Hosties », sans doute comme le pense l'auteur de la notice archéologique, Charles Laurens, parce que le produit de cette terre était

---

(1) Nous devons reconnaître que, sauf pour la dédicace de ces oratoires aux mystères du Rosaire, l'histoire des Capucins ne s'accorde pas en tout avec ce qu'en dit Charles Laurens ; en particulier sur l'oratoire construit par le roi, et sur la propriété que l'annaliste des Capucins leur attribue, tandis que Charles Laurens l'attribue aux propriétaires des terres sur lesquelles ces oratoires se trouvaient.

destiné par le donateur, à fournir la matière du sacrifice de la Messe, et les objets nécessaires à sa célébration.

Par ces quinze chapelles et par les peintures de la Genouillade, on voit que la dévotion du saint Rosaire a été de tout temps en honneur à Notre-Dame du Grau.

Il faut remarquer ici que, contrairement à ce que suppose l'auteur de l'histoire des Capucins, ce n'est pas à l'occasion de l'un des oratoires du Rosaire, qu'on forma le projet de construire une nouvelle église et un nouveau couvent, selon la volonté du roi et l'intention de Richelieu. L'auteur parle avec raison du môle qui tient au Cap d'Agde ; mais il ignore qu'il est distant de plus d'une heure, soit de la ville, soit de Notre-Dame, et par conséquent des oratoires. Il se trouve en face de l'île Brescou, et c'est là, d'après l'auteur lui-même, que l'église et le couvent auraient été construits pour le service de l'île et de la plage, dont la population devait s'accroître, à raison du port qu'on voulait y ouvrir, et du commerce qui se serait porté de ce côté. Malheureusement, la mort de Richelieu arrêta les travaux déjà commencés, et qui ont conservé dans le pays le nom de « jetée de Richelieu ». Ainsi fut rendue inutile la donation du terrain pour l'église, le couvent et un jardin, faite par l'évêque Fulcran de Barrès, le 5 juillet 1636.

Pour qui connaît les lieux, c'était bien loin des oratoires, et il ne pouvait en être question.

CHAPITRE III

Les Bénédictins à Notre-Dame du Grau

L'ordre de Saint-Benoit, fondé au commencement du VIme siècle, faisait de rapides progrès, et l'Occident voyait se multiplier ces monastères, dont une hiérarchie bien constituée, et une règle commune à toutes les maisons garantissaient la prospérité et la durée. La plupart des institutions anciennes eurent hâte de sortir de leur isolement, et s'empressèrent de se ranger sous cette discipline nouvelle dont l'organisation leur assurait la vitalité et une plus grande perfection. L'antique maison de saint Sever et son ermitage suivirent le mouvement.

On ignore l'époque à laquelle les disciples de saint Sever se réunirent aux Bénédictins, mais on pense que ce fut dans les commencements du IXme siècle. Voici d'ailleurs ce que dit l'abbé Martin se fondant sur Mabillon et la *Gallia Christiana* : « D'épaisses ténèbres enveloppent ces origines : cependant il est probable que la nouvelle existence de N.-D. du Grau lui vint des religieux de Saint-Thibéry. Césarion, l'antique Cessero, où reposaient les restes sacrés des martyrs Tibéré, Modeste et Florense, possédait une abbaye déjà célèbre, lorsque Attilion la régissait en 780. Attilion était l'ami et le conseiller de Benoit d'Aniane, et ses vertus, sa haute sagesse lui donnaient un grand ascendant sur les pensées de l'illustre réformateur, ou plutôt du second fondateur de la discipline monastique au milieu de nous. C'est lui qui le retint sur les rives privilégiées de l'Hérault, et le décida à fonder le célèbre monastère qui devint le foyer de la vie religieuse en France. Benoit fut à son tour, pour le successeur d'Attilion, ce que celui-ci avait été pour lui, un directeur et un père. Il lui communiqua le zèle dont il était embrasé lui-même pour la réforme cénobitique, et, avant de mourir, il recommandait à ses enfants d'Aniane « d'aider et de soutenir Modarius en tous ses besoins ». En effet, par les soins de celui-ci, des troupes de moines se répandirent en plusieurs lieux, soit pour restaurer des communautés anciennes et languissantes, soit pour en créer de nouvelles. Or l'ermitage du Grau ne pouvait échapper à l'attention des pieux fondateurs ; une de leurs colonies vint s'y établir, et bientôt le petit oratoire battu par les flots fit place à un grand monastère. Dès ce moment, Notre-Dame du Grau compta parmi les possessions les plus importantes de l'abbaye Cesseronienne. »

Il est donc probable, d'après ce qui précède, que la fusion des deux communautés se fit au commencement du IXme siècle, puisque saint Benoit d'Aniane, protecteur et inspirateur de Modarius, mourut en 821.

Quant au séjour des Bénédictins à Notre-Dame du Grau, on en sait peu de chose, comme on ignore l'époque à laquelle ils abandonnèrent ces lieux. Ils y étaient encore en 1216, année de la mort du pape Innocent III, qui venait de confirmer par une bulle les droits de l'abbaye de Saint-Thibéry sur Notre-Dame, comme l'avait fait cent ans auparavant, en 1116, le pape Pascal II. C'est en raison de cette double confirmation de leurs droits que les abbés de Saint-Thibéry jouissaient du titre de « Prieur de Notre-Dame du Grau : *Prior Nostræ Dominæ de Gradu.* »

A part cette reconnaissance des droits des Bénédictins, on ne connaît de leur temps que deux faits. Citons encore l'abbé Martin se fondant toujours sur les mêmes sources :

« Déjà dès le Xme siècle, la nouvelle fondation, dont les progrès furent rapides, avait acquis assez d'éclat pour tenter la cupidité des vicomtes de Béziers et d'Agde, et l'un d'entre eux, Guillaume, en usurpait violemment la propriété. Mais en 990, au moment de faire le pèlerinage de Rome avec sa femme Arsinde, *pour l'amour de J.-C., et pour la rédemption de son âme, ainsi que des âmes de ses parents, il restitua et remit à Dieu et à l'abbé de Saint-Thibéry tous les biens dont il l'avait injustement dépouillé, en particulier le monastère de Sainte-Marie au Grau, près d'Agde, avec les honneurs qui lui appartenaient, avec ses dîmes, ses prémices, ses droits de pêche, tant sur la mer que sur le bras de l'Hérault qui coule vis-à-vis.*

« L'histoire parle peu sans doute de ce sanctuaire cher à Marie. Cependant le temps ne faisait qu'accroître sa célébrité et la vénération du peuple. Au mois de juin 1187, Bernard Aton, vicomte de Béziers, Nimes et Agde, de la famille puissante et populaire des Trencavel, vint sur l'autel de N.-D. du Grau se donner lui-même avec tous ses biens à l'évêque Pierre I Raimond et à l'église de Saint-Etienne d'Agde. Le contrat, ainsi passé dans la maison de la Reine des Cieux, avait un caractère auguste, et ce haut témoin, qui daignait en ratifier, pour ainsi dire, les conditions, ce seing de la Mère de Dieu apposé aux conventions humaines, leur donnait quelque chose d'immuable et de divin. Bernard Aton eut le malheur de l'oublier. »

C'est à partir de cette donation que les évêques d'Agde prirent le titre de comte.

Si l'on ne sait plus rien du séjour des Bénédictins à N.-D. du Grau, on connaît la prétention qu'ils essayèrent de faire valoir environ 70 ans après l'arrivée des Capucins. Alors seulement ils se souvinrent que Notre-Dame du Grau avait été jadis une possession de l'abbaye de Saint-Thibéry, et ils revendiquèrent des droits qu'une prescription séculaire leur avait fait perdre, faisant entrer le sanctuaire dans les possessions du seigneur-évêque. Malgré tout « ils délibérèrent le 5 juin 1651, de demander pour tous usages, lods, ventes et autres droits seigneuriaux leur appartenant, une messe chaque jour à perpétuité, et un cierge de cire blanche pesant une livre, porté au monastère de Saint-Thibéry, le jour de l'Assomption de Notre-Dame. »

Les Capucins ne tinrent aucun compte de ces exigences, se fondant sur le double motif que, s'il y avait eu des charges, le connétable de Montmorency les aurait éteintes, et que les Bénédictins, s'étant retirés de Notre-Dame de temps immé-

morial, ces lieux étaient tombés sous la dépendance de l'évêque, qui avait pu en disposer en leur faveur. Cependant les
Bénédictins revinrent à la charge, mais cette fois ils réduisirent leurs exigences et ne demandèrent qu'une fleur. C'était
bien peu, mais c'était l'assujettissement. C'est pourquoi les
Capucins attendirent la présentation d'un titre qui ne vint pas,
et ainsi ils furent dégagés de toute charge.

CHAPITRE IV

La dévotion à Notre-Dame du Grau à travers les siècles

De tout temps, on vit à Notre-Dame du Grau de nombreux visiteurs. On y voyait les mères venant consacrer à la Vierge l'enfant que naguère elles mettaient au monde, et leur dévotion prit un caractère bien touchant. Elles venaient pour soustraire l'enfant à l'esclavage des langes, sous les yeux de Marie, ayant soin de lui faire faire quelques pas sur l'autel. Charmant usage qui rappelle la Vierge guidant les premiers pas de l'Enfant Jésus. C'étaient encore les épouses soucieuses d'avoir des nouvelles de leur époux qui voguait sur les abîmes de la mer. Venaient surtout, avec leur famille, les marins d'Agde et des plages voisines. Ils ne manquaient jamais de visiter le sanctuaire entre deux voyages, pour remercier la Bonne Mère de sa protection efficace pendant leur navigation passée, et la prier pour les nouvelles courses qu'ils allaient entreprendre à travers l'Océan.

L'arrivée des Capucins à Notre-Dame du Grau fut, pour le pèlerinage, le signal d'une ère nouvelle de prospérité, et les pèlerins accoururent plus nombreux que jamais. C'était au point qu'en l'année 1612 « on vit arriver, dit un auteur contemporain, jusqu'à 172 processions, formant un ensemble de plus de cinquante mille personnes, et plusieurs, approchant du saint lieu, se traînaient à genoux jusqu'au dedans ; tant est grande, ajoute-t-il, la révérence que les peuples dévotieux y apportent. »

De ce nombre fut une procession de Montpellier organisée par le Père Jacques d'Auch, gardien du couvent de cette ville. Voici ce qu'en dit l'histoire des Capucins, après avoir fait remarquer que tout le Bas-Languedoc était désolé par une sécheresse qui durait depuis six mois, et causait une grande mortalité parmi les hommes et les bestiaux : ce qui poussa les populations vers Notre-Dame du Grau.

« Cent jeunes filles, habillées et voilées de blanc, marchaient en tête, une croix de bois à la main, deux à deux, accompagnées de leurs mères, qui étaient les principales dames de la ville.

La compagnie des Pénitents Blancs, précédée de sa croix, venait ensuite, avec un chœur de musique chantant les louanges de Dieu.

Quatre Capucins formaient la clôture.

Après eux, venaient près de trois mille personnes, la plupart nu-pieds.

Ce pèlerinage dura cinq jours. Nos Pères de Notre-Dame du Grau le reçurent avec toute la charité qui leur était possible. »

L'affluence était si grande que les Pères, qui logeaient les hommes dans le couvent, et les femmes dans des chambres construites pour elles au dehors, se virent obligés de bâtir un nouveau logis « pour une plus grande commodité des uns et des autres. »

Dans ce pieux empressement à venir honorer la Vierge du Grau, le peuple suivait de beaux et nobles exemples. En effet, les corps de ville eux-mêmes ne craignaient pas de montrer leur dévotion. C'est ainsi qu'en 1608 le corps de ville d'Alignan-du-Vent venait à Notre-Dame, après avoir voté l'achat de 94 livres de cire, dont la plus grande partie était destinée au Sanctuaire, et le reste aux bateliers qui devaient conduire les pèlerins.

En 1630, ce fut celui de Pézenas qui, à l'occasion de la peste, fit vœu de construire un des oratoires du Rosaire, et de porter un calice d'argent à la chapelle de la Genouillade.

En 1634, enfin, ce fut le corps de ville de Montpellier, qui vint, le 8 septembre, laissant au Sanctuaire un don de 400 livres. Il avait fait vœu, toujours à l'occasion de la peste, d'aller à Montserrat, en Espagne ; mais, les malheurs des temps étant un obstacle, il obtint commutation du vœu, et ce fut le sanctuaire de Notre-Dame du Grau qui fut choisi.

De leur côté, les grands du monde ne croyaient pas déroger à leur noblesse en honorant la Vierge du Grau. Nous ne reviendrons pas sur les vicomtes Guillaume et Bernard Aton ; nous connaissons déjà leur dévotion pour Notre-Dame du Grau, et le bel acte par lequel chacun en donna le témoignage. Bornons-nous au connétable de Montmorency, dont nous avons déjà dit la générosité par la construction du couvent et de l'église. Après sa conversion, il aurait voulu finir ses jours auprès du sanctuaire de Notre-Dame du Grau ; et, dans ce but, il fit construire derrière le chœur une habitation que l'on appela la Connétablerie, et qui servit plus tard à agrandir la sacristie. Si, à cause de son grand âge et de sa santé affaiblie, comme dans l'intérêt des affaires de l'Etat, que les Capucins lui conseillèrent de ne pas abandonner, il ne put réaliser son désir, il venait souvent visiter le sanctuaire si cher à son cœur, et passait sa journée avec les religieux, prenant même son repas avec eux.

Sa dévotion était telle qu'il exprima la volonté expresse d'être enseveli dans l'église de la Vierge. Sa mort étant arrivée le 2 avril 1614, à la Grange-des-Prés, aux environs de Pézenas, il fut porté à Notre-Dame du Grau, revêtu, selon son désir, de la bure des Capucins, seul honneur qu'il eût demandé, voulant être enterré comme les religieux que, de son vivant, il appelait ses frères. Cependant, malgré la défense qu'il en avait faite, il y eut « grande magnificence de gens d'arme et de noblesse. Cinq pauvres vêtus de drap accompagnaient le cercueil, portant à la main un grand cierge de cire blanche. »

Les annales des Capucins, parlant du lieu précis de la sépulture du Connétable, disent : « Son corps repose au milieu de l'église dans un cercueil de plomb, et nous avons tout lieu de croire que son âme repose au ciel. »

Sa mort fut en effet très chrétienne, et les circonstances qui signalèrent les derniers mois de sa vie, révèlent une fois de plus sa dévotion pour Notre-Dame du Grau. Il se prépara à mourir en réparant ses désordres et ses injustices, selon les prescriptions du pape Paul V, et en venant de Pézenas à Notre-Dame malgré sa faiblesse, pour y faire ses dévotions. Il y vint notamment le 8 septembre 1613, et communia « après s'être confessé avec une extrême consolation, et versant grande abondance de larmes. » Il arriva de grand matin, malgré son triste état de santé, parce que, disait-il, il n'avait pu dormir, croyant voir la Vierge qui le pressait de venir à son église.

Devant tant de manifestations de piété envers Notre-Dame du Grau, le clergé ne pouvait rester indifférent. C'est pourquoi le chapitre de la cathédrale d'Agde et celui de la collégiale de Sérignan accomplissaient tous les ans leur pèlerinage au vénérable Sanctuaire. Le premier venait le dimanche dans l'octave de la Nativité de la Sainte Vierge, fidèle à un vœu que les chanoines avaient fait, à l'occasion de la peste qui s'abattit sur Marseille en 1720. Agde se trouvait menacée, à cause des relations fréquentes des deux villes maritimes, et les chanoines voulurent placer les Agathois sous la sauvegarde de la Vierge du Grau, par ce vœu que l'on appela dans la suite le « vœu de la ville. » Interrompu par la Révolution, il fut repris au rétablissement du culte par la congrégation des Augustins, qui l'a fidèlement accompli jusqu'à son extinction. On avait obtenu l'autorisation de Mgr Fournier, évêque de Montpellier ; et, dans les commencements, on l'accomplissait avec une solennité peu ordinaire, comme on pourra le voir dans un appendice.

De leur côté, les évêques d'Agde avaient une grande sollicitude pour le Sanctuaire agathois. Témoin l'évêque Bernard du Puy, qui céda aux Capucins ses droits seigneuriaux afin d'assurer un service régulier, et consacrait l'église, comme il a été déjà dit, le 5 juillet 1609. Après lui se distingua l'évêque Fulcran de Barrès qui, par acte du 25 juin 1641, fit donation spontanée et gratuite aux Capucins des terres voisines de la chapelle de la Genouillade. Le 13 mai 1718, c'était l'évêque de Pas de Feuquières qui vint à Notre-Dame pour y faire l'ouverture des Quarante-Heures, et assister au cinquième chapitre provincial, que les Capucins allaient tenir dans leur couvent du Grau.

Au siècle dernier encore, on a bien vu les évêques de Montpellier s'intéresser au sanctuaire de Notre-Dame du Grau ; et, en particulier, on a vu Mgr de Cabrières, aujourd'hui Cardinal, le visiter quatre fois, et bénir la statue de la Rocaille, le 3 mai 1876.

Les Capucins, de leur côté, ne se contentèrent pas du zèle qu'ils déployaient pour la prospérité du pèlerinage. Ils montrèrent encore leur dévotion pour Notre-Dame du Grau, en y tenant la solennelle assemblée, non de deux chapitres généraux, comme on l'a cru jusqu'ici, mais de sept chapitres provinciaux (1).

Il faut bien le dire, en face de cet admirable concert, il y eut une note discordante. Il se trouva en effet quelqu'un qui n'était pas favorable au Sanctuaire. Ce fut Louis Fouquet, cet évêque janséniste que nous avons vu cherchant à s'approprier la chapelle de la Genouillade. Sous le spécieux prétexte que, sur le nombre des pèlerins, il pourrait s'en trouver qui abusent des pèlerinages, il ne craignit pas de mettre en péril celui du Grau, en interdisant le ministère de la confession aux Capucins. C'était bien dangereux, car c'était priver les pèlerins d'un secours, souvent utile et quelquefois nécessaire. Il lança son ordonnance de Villefranche de Rouergue, où il était en disgrâce, le jour même, 4 février 1669, où son vicaire général, administrant le diocèse en son absence, accordait les pouvoirs pour un an à onze Pères.

---

(1) D'après une note du P. Apollinaire, historien des Capucins, ces sept chapitres furent tenus : le 20 juillet 1635 ; le 21 mai 1649 ; le 5 septembre 1665 ; le 17 mai 1686 ; le 13 mai 1718 ; le 2 septembre 1740 ; et le 11 juillet 1759.

Les chapitres généraux se réunissent toujours à Rome.

CHAPITRE V

Profanation du Sanctuaire de Notre-Dame du Grau

La prospérité de Notre-Dame du Grau devait subir une douloureuse éclipse. C'était la Révolution qui allait traverser la France, et faire tant de ruines.

En supprimant les Ordres religieux, l'Assemblée Constituante avait autorisé le maintien de quelques couvents, où pourraient se retirer les religieux qui désiraient suivre la vie commune. Le Directoire du département de l'Hérault désigna la maison de Notre-Dame du Grau, et vingt-quatre religieux venus de divers départements s'y retirèrent. De ce nombre furent deux Capucins, originaires d'Agde et de Saint-Thibéry, que nous verrons plus loin devenir propriétaires de Notre-Dame après le rétablissement du culte. Tous ces Pères vivaient dans une paix relative, lorsque l'évêque constitutionnel, Poudérous, essaya de leur nuire, en soutenant, auprès du Directoire, quelques patriotes, qui les accusaient d'être un foyer de rébellion. Heureusement les officiers municipaux d'Agde eurent le bon esprit de leur rendre justice, et donnèrent un témoignage favorable. Ils ne furent donc point tracassés.

Cependant la Révolution faisait des progrès alarmants et s'acheminait vers la Terreur. C'est pourquoi les réfugiés de Notre-Dame crurent prudent de se retirer ; et, préférant l'exil, ils quittèrent ces lieux vers le mois de septembre 1792. Ils furent remplacés par trois vicaires assermentés, pour lesquels on rouvrit l'église. Ils devaient en faire le service alternativement ; mais ils n'exercèrent pas longtemps leur sacrilège ministère, car au printemps de l'année 1793, le vénérable sanctuaire devint le théâtre d'une orgie de vandalisme sans nom.

Nous ne devons pas laisser peser sur Agde toute la responsabilité de cette profanation, et nous avons hâte de dire que le chef de cette sacrilège expédition ne fut point un Agathois. Ce fut une femme, vraie furie, venue de Narbonne, qui, précédant à cheval une bande de forcenés, leur inspirait la haine de Dieu et de sa Sainte Mère. Elle se réservait de détruire elle-même les objets les plus précieux et les plus respectables. Ce serait elle, au dire d'un témoin oculaire, qui aurait détruit une fameuse toile représentant la Vierge Mère, que le peuple attribuait naïvement au pinceau de saint Luc.

Après avoir profané les églises de la ville, cette horde impie se porta sur Notre-Dame. La main de ces infâmes démolisseurs ne respecta rien. On les vit, armés d'une torche incendiaire, parcourir le couvent et le livrer aux flammes. Ils fouillèrent les sépulcres, et jetèrent au vent les cendres des morts. L'église fut pillée, les ornements sacerdotaux déchirés, les vases sacrés brisés, et les reliques des saints foulées aux pieds. On démolit le chœur et on brisa le superbe rétable de pierre, qui passait pour un véritable chef-d'œuvre. Rien ne fut épargné, pas même la statue de la Vierge des miracles, objet de la vénération de tant de siècles. On l'abattit et un misérable osa porter son couteau aux yeux de la Sainte Image, comme pour les lui crever. On verra plus loin que la justice de Dieu ne se fit pas longtemps attendre. On mutila aussi, à coups de marteau, une statue de marbre de la Vierge à genoux, et c'est plus de cent ans après, que la tête en a été retrouvée dans une famille, qui l'avait reçue de la personne pieuse qui l'avait recueillie au péril de sa vie.

Si du moins la profanation s'était arrêtée là : si les fidèles dévots à Notre-Dame avaient pu venir prier et pleurer au milieu de ces ruines, les cœurs chrétiens auraient éprouvé quelque consolation. Il n'en fut pas ainsi, et tandis que chacun devait cacher ses larmes dans le secret de sa demeure, le sanctuaire de Marie devint un magasin de salaisons. Là des animaux immondes prirent la place du Saint des Saints et de la plus pure des Vierges. Là, où dans les beaux jours passés, s'élevait le parfum de l'encens, on ne respirait plus que des odeurs fétides. Là où jadis retentissait la douce et pieuse psalmodie des moines chantant les louanges de Dieu et de la Vierge, on n'entendait plus que des chants profanes ou obscènes et des blasphèmes.

La conséquence de ces ignobles orgies de vandalisme impie, fut le plus navrant dénûment. Quelle pauvreté dans le béni sanctuaire profané, lorsqu'il fut permis d'y célébrer les saints Mystères ! Tout manquait. C'était au point que quarante ans après ces scènes désastreuses, l'abbé Tallet, devenu aumônier de Notre-Dame, se trouva en face de la plus douloureuse indigence. A cette date les vêtements sacerdotaux portaient encore les marques d'une vétusté peu en rapport avec la sainteté de leur destination. Pour tout trésor, le nouvel aumônier ne trouva, avec des linges usés, qu'un petit calice d'argent et un modeste ciboire, l'un et l'autre à peine décents. Pour tout luminaire, il n'y avait, avec six chandeliers de cuivre de dix-huit pouces, que vingt-quatre petits chandeliers en fer blanc. Les chapelles n'avaient point d'autel et étaient dépouillées de tout ornement. A l'unique autel, point de tabernacle, et dans l'église, point de pavé. Le vestibule était transformé en écurie, et les murailles étaient rongées par une humidité malsaine, suite des viles opérations pratiquées dans la maison de Dieu.

On le voit, le sanctuaire de Notre-Dame avait tellement souffert de la rage de l'impiété, qu'il n'était plus digne de la majesté du Dieu qui l'habite, et de la Vierge qui aime à y répandre ses faveurs. Heureusement que Dieu avait préparé l'homme qu'il destinait à la restauration. Heureusement aussi que ce digne prêtre sut comprendre les vues providentielles de son Maître, et de Celle dont il devenait plus spécialement le serviteur. Nous l'avons déjà nommé, et nous allons le voir à l'œuvre, se dépensant avec une généreuse constance pour le service et l'honneur de Notre-Dame du Grau.

CHAPITRE VI

Restauration du Sanctuaire de Notre-Dame du Grau

Parmi les religieux qui habitaient le couvent de Notre-Dame au moment de la Révolution, il en est deux qui doivent attirer, ici, notre attention, comme propriétaires. Ce sont Maxence Meau et Jean-Baptiste Fabry, capucins, en religion, le premier, Père Sever d'Agde, et le second, Père Jacques de Saint-Thibéry. Ils partirent pour l'exil en 1792 ; mais le Père Meau rentra bientôt secrètement et se retira dans sa famille, où il courut de grands dangers, recherché qu'il était par les émissaires de la Révolution.

Au rétablissement du culte, le Père Fabry étant rentré en France, ils rachetèrent ensemble Notre-Dame et en prirent possession pour y exercer le culte religieux. Cependant, la nécessité des temps les fit nommer curés, le P. Meau à Bessan, où il mourut, en 1820, et le P. Fabry à Pomérols, où il resta peu de temps pour rentrer à Notre-Dame et y mourir en 1819.

Après eux la propriété de Notre-Dame passa en diverses mains, que nous ferons connaître dans un appendice. Nous nous bornerons à citer ici, et c'est justice, l'abbé Peytal, professeur de physique au Grand Séminaire de Montpellier. Il fit l'acquisition de la grande église et de ses dépendances par pur dévouement, et à des conditions onéreuses, à la prière des curés de la ville. Ceux-ci voulaient, avec raison, se débarrasser d'un aumônier, devenu propriétaire, dont l'excentricité était un obstacle au bien.

Pensant qu'une telle propriété devait rester entre des mains sacerdotales, l'abbé Peytal fit héritier l'abbé Alauzet, prêtre de ses amis et son élève. Pourquoi faut-il que celui-ci n'ait pas eu la même pensée ! On aurait évité un conflit dont il est inutile de rappeler les détails. Qu'il suffise de dire que, de concert avec le maire, Coste-Floret, Mgr Le Courtier sut mettre fin aux difficultés, en décidant qu'à l'avenir l'aumônier serait toujours pris en dehors du clergé paroissial et resterait indépendant, ne relevant que de l'évêque.

En ce qui concerne le service religieux, après les Pères Meau et Fabry, Notre-Dame fut confiée, tantôt au curé de Saint-Sever, tantôt à des aumôniers nommés à cet effet. Parmi ces derniers, il convient de parler spécialement de l'abbé Fallet, l'histoire de Notre-Dame le demande d'ailleurs, tandis qu'il suffira de mentionner les autres dans un appendice.

Loin de se décourager, en face du dénûment dont nous avons parlé plus haut, l'abbé Fallet sentit son courage s'accroître avec les difficultés, et, en douze années d'un zèle sans défaillance et de labeurs incessants, il put rendre à la maison de Dieu et de la Vierge toute la décence possible. Avant lui, une seule amélioration importante avait été faite. C'est la pose du rétable actuel, avec sa statue aux dimensions peu ordinaires. Une notice sans nom d'auteur, datée du 5 mai 1833, en parle comme existant déjà depuis peu de temps.

Le nouvel aumônier fut installé par Mgr Thibault lui-même, le 15 août 1840. Fort de l'honorable et encourageante condescendance de son évêque, l'abbé Fallet se mit aussitôt à l'œuvre et, sous son impulsion, l'église fut récrépie, blanchie et pavée. A l'intérieur, la misère des murs, corrodés par le sel, fut cachée derrière un lambris, que l'on a vu jusqu'à ces derniers temps, se prolongeant tout autour de l'église. Peu à peu, grâce au zèle de l'aumônier, grâce aussi à la générosité des dames de la ville et des prêtres originaires d'Agde, les chapelles furent embellies et pourvues d'autels, que des tableaux et de riches bouquets vinrent orner. Le vestiaire fut renouvelé, les vases sacrés et les ornements sacerdotaux prirent une décence convenable, et le sanctuaire fut rendu digne de l'Hôte divin qui daigne y résider. Pour cette Majesté cachée on fit l'acquisition d'un tabernacle, qui, à défaut de l'ancien, disparu, mais retrouvé depuis peu et mis en place, répondit à toutes les conditions de respect exigées par sa sainte destination. Avec l'ostensoir, donné par les capitaines marins, c'était le complément des désirs de l'aumônier.

Pour arriver à ces résultats, on comprend quels soins et quelles fatigues dut se donner le digne prêtre. Aussi nous ne sommes pas étonné que l'auteur auquel nous empruntons tous ces détails, lui applique l'éloge que saint Jérôme a fait du prêtre Népotien. Avec lui nous répétons volontiers ces paroles du saint docteur : « Il veillait sans cesse à l'embellissement des autels, à la blancheur des murs, à la propreté du pavé, jamais il ne se rendît coupable de la plus petite négligence.... En un mot, tout ce qui dans ce sanctuaire attirait l'attention et frappait les regards, rendait témoignage au zèle infatigable de ce prêtre de Jésus-Christ ».

Plus tard, il est juste de l'ajouter, l'abbé Deilles, quatrième successeur de l'abbé Fallet, fit beaucoup à Notre-Dame, et il est regrettable que la maladie et des occupations multiples aient trop tôt arrêté son zèle. Avec de beaux objets qui servent à rehausser les fêtes du Sanctuaire, c'est à lui qu'est due la statue agenouillée de la Rocaille, qui fut bénite, comme il a été déjà dit, par Mgr de Cabrières, le 3 mai 1876.

Le souvenir de cette restauration ne peut que réjouir les cœurs chrétiens qui ont pu depuis visiter le béni Sanctuaire selon leur dévotion. Elle doit aussi exciter leur zèle pour ces lieux où Marie s'est montrée depuis des siècles la sauvegarde de la région, et où leurs frères reçurent des grâces nombreuses et signalées, comme on va le voir dans le chapitre suivant.

CHAPITRE VII

Miracles de Notre-Dame du Grau

Plusieurs fois déjà nous avons cité le mémoire de 1726 sur l'état et les prérogatives des couvents des Capucins de la province de Toulouse. Parlant des miracles de Notre-Dame du Grau, ce mémoire s'exprime ainsi : « Ce qu'il y a de remarquable dans cette sainte et fameuse dévotion, c'est le grand nombre de miracles que Dieu y a opérés, et opère tous les jours par la médiation de la Sainte Vierge. Les monuments érigés dans la grande église et dans la Sainte Chapelle en font foi. Nous avons dans nos archives plusieurs actes authentiques qui en témoignent, et on en a composé un livre intitulé : *Auréole de la Sainte Vierge* ».

Malheureusement le temps et la Révolution on fait disparaître et le livre qui racontait ces merveilles, et les monuments qui devaient en perpétuer le souvenir. Malgré tout, il nous reste un fait que la tradition nous a conservé, et qui remonte à l'époque de la construction de la chapelle de la Genouillade. Il se trouve consigné dans un court historique exposé dans la chapelle, et dans la notice manuscrite du 2 mai 1833, déjà citée plus haut.

Après avoir donné brièvement les circonstances de l'apparition de la Sainte Vierge, la notice ajoute: «Ce grand prodige a été confirmé en divers temps par de grands et évidents miracles, que plusieurs personnes ont expérimentés, surtout par celui arrivé lors de la construction de cette chapelle, touchant le maçon qui voulut, contre la défense à lui faite, tailler la pierre. Il fut soudainement attaqué aux genoux d'une si grande douleur, qu'il tomba par terre ; mais ayant reconnu sa faute, il se voua à Notre-Dame et se trouva ainsi soulagé.

» Depuis, les chrétiens ont porté plus de révérence et de dévotion à cette sainte chapelle, où Dieu, en l'honneur de sa Sainte Mère, accorde tous les jours de nouvelles grâces et faveurs à ceux qui y viennent réclamer les secours de cette puissante Reine des cieux ».

Si les faits miraculeux des temps anciens ne peuvent nous être révélés, les temps qui ont suivi nous fournissent des preuves évidentes de la puissance de la Vierge sous son vocable du Grau.

Nous avons parlé plus haut de la sacrilège profanation du sanctuaire en 1793, et nous avons dit que la justice de Dieu ne se fit pas longtemps attendre. En effet, le forcené qui avait osé porter son couteau aux yeux de la statue miraculeuse que l'on venait d'abattre, fut instantanément frappé de cécité, et tout Agde vit cet'aveugle porter, jusqu'à sa mort, à travers les rues de la ville, le terrible et juste châtiment de son sacrilège. Quant à ses complices, qui avaient abattu la Sainte Image, la plupart périrent en mer peu de temps après, assez peu pour permettre de voir dans leur noyade la main vengeresse de Dieu.

Ces faits nous montrent la justice de Dieu s'exerçant parfois visiblement sur les profanateurs. Les suivants, plus récents, nous révèlent la tendre bonté de Marie pour ceux qui mettent en elle leur confiance et aiment à l'invoquer dans leurs nécessités.

Henri Vivarès, de Cette, qui vit encore, était affligé depuis cinq ans d'une tumeur blanche à la main. Aucun remède n'avait pu vaincre le mal. Il vint à Notre-Dame du Grau, le 8 septembre, et, après la communion, il alla plonger sa main dans l'eau que l'on entretient dans l'empreinte de la pierre miraculeuse, priant la Vierge de le guérir. Quelle ne fut pas sa joie, lorsque retirant sa main, il la vit ne suppurant plus et cicatrisée. Ceci se passait en 1872, et depuis Henri n'a plus vu reparaître son mal. Il nous racontait lui-même le fait le 8 septembre 1898, et nous en a envoyé la relation écrite et signée par lui et par trois témoins.

Pour avoir l'adresse de Henri Vivarès, nous nous adressâmes à un fidèle pèlerin, mort depuis à 84 ans, et venu

chaque année à Notre-Dame le 8 septembre, d'abôrd porté
par sa mère, et dans la suite de son propre mouvement. Heureux de penser que nous désirions connaître et recueillir les
faits miraculeux de Notre-Dame du Grau, ce vieillard, très
digne de foi, nommé Auzuech, nous adressa la relation de
plusieurs faits, dont voici le plus frappant raconté par lui-
même :

« Le second bienfait signalé obtenu à Notre-Dame du Grau,
est la guérison d'un œil complètement perdu, par suite d'un
éclat de pierre, par M. Bénézech, ami de mon père. J'avais
alors 16 ou 17 ans, M. Bénézech voulut m'accompagner le
8 septembre à Notre-Dame du Grau, avec la ferme confiance
que la Très Sainte Vierge le guérirait. Après la Sainte Messe,
où il avait fait la Sainte Communion, il se dirigea vers Notre-
Dame de la Genouillade, lava son œil avec l'eau prise dans
l'empreinte du genou, et, ô prodige ! son œil était complètement guéri. Impossible de décrire la joie de mon compagnon
de pèlerinage depuis Agde jusqu'à Cette. Quelques mois
après, lui demandant des nouvelles de son œil: Tu sais, me
dit-il, que j'ai été complètement guéri à Notre-Dame ».

Le 16 octobre 1884, la paroisse de Vias venait processionnellement remercier Notre-Dame du Grau d'une grande
grâce, comme en témoigne la relation insérée dans un cœur
doré, et signée par le curé. En voici la copie :

« Le 15 août 1884, une attaque foudroyante de choléra
ayant éclaté à Vias, la population accueillit avec un sentiment
de confiance religieuse, la promesse faite par M. le Curé
d'apporter processionnellement un ex-voto à Notre-Dame
du Grau, si le fléau cessait d'exercer de nouveaux ravages.
Avec le produit d'une quête faite à domicile par une personne pieuse, à laquelle chaque famille sans exception voulut contribuer, ont été achetés ce cœur doré et une bannière
en moire blanche brodée en or, que la paroisse toute entière
est venue déposer le 16 octobre dans la chapelle de Notre-
Dame du Grau.

» Le curé de Vias Cavin St Gt, 16 octobre 1884 ».

Combien de grâces précieuses nous admirerions, si l'on
pouvait connaître tout ce que peuvent rappeler les nom-

breux ex-voto exposés dans les chapelles de Notre-Dame du Grau ! Combien surtout la puissante bonté de la Sainte Agenouillade nous apparaîtrait éclatante, si nous pouvions dire ici ce que peuvent révéler ces nombreux tableaux de marine, dont plus de la moitié portent la mention d'un vœu fait à la Vierge dans le danger ! Si tous ne portent pas cette mention, le seul fait de leur offrande à la Vierge semble bien impliquer le sentiment de la reconnaissance pour une protection efficace dans les positions critiques qu'ils représentent.

Au nombre de ces tableaux, il en fut un, malheureusement disparu, qui révélait une protection de la Vierge du Grau vraiment miraculeuse. On connaît les désastres des troupes françaises pendant la campagne de Russie, au passage de la Bérésina. Un des membres de la famille de Rascas, sur le point de périr avec ses frères d'armes, se souvint de Notre-Dame du Grau. Il l'invoqua et soudain il fut sauvé par un secours inespéré, et put atteindre la rive du fleuve où l'armée pensait se transporter et se mettre à l'abri des poursuites de l'ennemi. Par reconnaissance, dès qu'il fut de retour dans sa famille, l'heureux protégé de Notre-Dame du Grau fit exécuter un tableau représentant son sauvetage, et le porta à la chapelle de la Vierge.

Ce fait a été raconté par la famille elle-même au R. Père Maignan, jésuite, à l'occasion d'un pèlerinage du Collège Catholique de Montpellier.

Quelles révélations seraient encore les nombreuses béquilles que l'on voyait encore, il y a environ un demi-siècle. Pourquoi les a-t-on fait disparaître ? Pourquoi surtout n'a-t-on pas enregistré les grâces qu'elles représentaient. C'eût été le moyen de remplacer le livre perdu, composé avant 1726, et de former une nouvelle « Auréole de la Vierge du Grau. »

Qu'on ajoute les plaques de marbre qui ornent le Sanctuaire et dont un grand nombre portent la mention d'Actions de Grâces, et l'on reconnaîtra que Notre-Dame du Grau est une sauvegarde efficace pour la région.

Nous reportant à environ dix-huit ans en arrière, nous voudrions parler d'un essai de profanation de la pierre de l'apparition par un immonde crachat, essai avorté miraculeusement par la puissance de la Sainte Agenouillade. Mais l'auteur vit encore et nie toute intention mauvaise et préméditée. Nous nous abstenons donc, nous bornant à constater qu'il voulut et paya l'établissement d'une grande grille autour de la pierre, afin d'en mieux assurer le respect.

CHAPITRE VIII

Les noms du pèlerinage agathois

Le pèlerinage d'Agde a deux noms bien connus, que l'on prononce toujours avec respect et avec amour. On l'appelle habituellement Notre-Dame du Grau, et ce nom, le plus usité, sert à distinguer cette dévotion des autres sanctuaires dédiés à la Mère de Dieu. Il lui vient de sa position topographique, voisine du grau d'Agde, mais on ignore l'époque à laquelle ce nom fut appliqué à ces lieux. On ne le voit clairement exprimé qu'au XIIᵉ siècle, à l'occasion de la donation que Bernard Aton fit à l'évêque d'Agde. L'acte de restitution de Guillaume, en 990, s'exprime seulement ainsi : « Le monastère de Ste Marie au Grau ».

Notre-Dame l'Agenouillade ou de la Genouillade (1), tel est le second nom du pèlerinage d'Agde. On en connaît l'origine par ce qui a été dit au Chapitre premier de cette histoire, et l'on peut dire que, s'il n'est pas le plus usité, il n'en est pas pour cela le moins précieux et le moins aimé. On se plaît à le prononcer en invoquant Marie, comme on est fidèle à visiter la chapelle. Ce nom ne rappelle-t-il pas comment la Mère de Dieu vint au secours de la ville d'Agde ? C'est pourquoi on aime venir auprès de la pierre miraculeuse et la baiser avec piété. Là on sent que la Sainte Agenouillade est toujours prête à intercéder pour nous auprès de son divin Fils. Les Agathois l'ont bien souvent éprouvé, et ils savent qu'en remontant au Ciel, Marie n'a point abandonné sa ville privilégiée.

Ils en ont surtout fait l'expérience alors que la peste s'abattit sur tout le Languedoc, en 1628 et en 1652. En effet, rapportant les services que les Capucins rendirent à cette région

---

(1) Notre-Dame l'Agenouillade se dit de la Vierge agenouillée, et Notre-Dame de la Genouillade ou simplement la Genouillade se dit de la Chapelle.

désolée, au risque de périr victimes de leur charité, leur histoire ne parle d'Agde qu'à l'occasion d'un Père du couvent du Grau, qui demandait d'aller à Béziers se dévouer au service des pestiférés. Il y est dit combien eurent à souffrir du terrible fléau les villes de Montpellier, Pézenas, Béziers et tant d'autres, depuis Narbonne jusqu'à Toulouse, et on ne voit nulle part que Agde ait été infestée par la contagion. La douce Agenouillade la gardait, et l'on peut dire qu'elle la garde toujours encore. Les épidémies, en effet, y sont moins fréquentes qu'on ne pourrait le craindre, et lorsqu'il s'en produit, cette ville souffre plus de son renom d'insalubrité que de l'état général de la santé publique.

Dans les temps anciens on disait aussi Notre-Dame d'Aigues-Vives, à cause d'une source qui coulait auprès et donnait son nom au terroir. Ses eaux jaillissaient à la surface du sol, avant les importants remblais faits par les Capucins pour assainir ce paysage autrefois marécageux. On voit les vestiges de cette source dans un jardin voisin de la chapelle, sous une voûte souterraine, sur les parois de laquelle on lit cette inscription : « *Fons benedictionis B. M. V. de Gradu* ; Fontaine de bénédiction de la B. V. M. du Grau ». Rien ne dit que cette fontaine ait eu une origine miraculeuse ; mais la confiance des gens, fondée sur le voisinage de la chapelle, a pu donner occasion à cette dénomination.

Les constructions du couvent ayant compris cette source dans la clôture, il y avait de graves inconvénients à en laisser l'accès libre, et c'est/pour cette raison, sans doute, qu'on construisit la fontaine architecturale voisine. Ce changement put nuire à la confiance, et c'est depuis peut-être que l'on a eu la dévotion d'entretenir de l'eau dans l'empreinte de la Genouillade.

Un autre nom inconnu, et à notre avis sans fondement authentique, est celui de « Notre-Dame de la Recouvrance dite du Grau », donné par Mgr Thibault dans une ordonnance du 24 octobre 1840 réglant les affaires du pèlerinage. Il est étonnant que ni les historiens de Notre-Dame ni celui des Capucins ne le donnent jamais.

CHAPITRE IX

Privilèges, fêtes, usages et œuvres
de Notre-Dame du Grau

Après sa conversion, le connétable de Montmorency reçut
deux brefs du pape Paul V. L'un des deux lui était personnel
et était relatif à la réparation de ses injustices et à sa réconciliation avec l'Église. Le second, tout en faveur du sanctuaire
de Notre-Dame du Grau, portait certains privilèges et des indulgences pour les quatre grandes fêtes qui se célébraient dans la
chapelle. N'ayant pas trouvé ce bref dans l'histoire des Capucins, nous ne connaissons pas les indulgences. Quant aux
privilèges, ils nous sont connus par le mémoire de 1726,
plusieurs fois cité. Ces privilèges sont celui des sept autels,
et celui des morts (autel privilégié) attaché à la chapelle
latérale de Saint-François.

Ces avantages ont été perdus par suite de la profanation
de l'église ; mais il y a une indulgence plénière, obtenue par
Mgr Thibault, en faveur de l'Association qu'il avait établie à
Notre-Dame du Grau.

En qualité d'ancienne église franciscaine, la grande église
jouissait du privilège de la Portioncule, pour le dimanche
qui suit le 2 août ; mais comme les pèlerins viennent le jour
même de Notre-Dame des Anges, on a dû jusqu'ici solliciter
un bref septennal.

Comme on a pu le remarquer plus haut, on célébrait autrefois
à Notre-Dame du Grau quatre grandes fêtes. C'étaient sans
doute celles qui s'y célèbrent aujourd'hui. La quatrième serait
celle des Quarante-Heures. On les célébrait, en effet, au mois
de mai, comme le disent les Annales des Capucins, d'après
une communication qui nous a été faite par le P. Ernest
Marie de Beaulieu, sur le 5e Chapitre provincial tenu à Notre
Dame, le 13 mai 1718. Elle est ainsi conçue : « Le dimanche

suivant, 15 mai, on fut en procession à la ville d'Agde. Le
R. P. Daniel, de Toulouse, prêcha à la cathédrale, où
Mgr l'évêque assista, lequel avait, le jeudi précédent, fait
l'ouverture des Quarante-Heures dans notre église de Notre-
Dame ».

Aujourd'hui on célèbre trois grandes fêtes. Ce sont :
Notre-Dame des Anges, l'Assomption et la Nativité de la
Sainte Vierge. A l'occasion de ces fêtes, le nombre des pèlerins est considérable. Beaucoup arrivent même la veille, et
passent la nuit dans la chapelle, priant la Bonne Mère et
chantant ses louanges sous la direction de l'aumônier ou des
prêtres qui viennent à son aide.

Nous devons ici un hommage aux jeunes étudiants du
grand et du petit séminaire qui, d'Agde et des paroisses voisines, viennent prendre des habitudes de zèle pour plus tard,
en aidant eux aussi l'aumônier pour le chant et les divers
exercices où ils se distinguent par leur piété.

Cette sainte veillée, qui est inaugurée par une pieuse exhor-
tation et se termine par la sainte Communion, distribuée de
grand matin, est interrompue à minuit par une procession
aux flambeaux, qui se faisait à l'extérieur lorsque les auto-
rités civiles savaient respecter la liberté et les droits des
catholiques. On va cependant en groupe à la Genouillade, au
chant des cantiques, pour une cérémonie d'amende honorable
à la Vierge mutilée en 1793.

Ces fêtes ne pouvaient suffire à la piété des Agathois et des
étrangers qui se plaisent à visiter ce saint lieu. C'est pourquoi
on ne s'est pas borné à la messe du dimanche, utile surtout
pour les habitants du voisinage. Regrettant que l'aumônier
ne puisse résider à Notre-Dame, ce qui serait très avantageux
pour la prospérité du pèlerinage, on a du moins établi l'usage
de la messe du samedi.

Pendant de longues années, cette messe eut un caractère
particulier et bien touchant. Les marins, capitaines et matelots, de retour de leurs longues et périlleuses navigations,
se faisaient un devoir d'y assister, nombreux. Ils se réunis-
saient dans la chapelle de Notre-Dame Auxiliatrice, appelée

à cause d'eux chapelle des Marins, et là, ils chantaient un cantique devenu populaire à Agde, dans lequel ils priaient Notre-Dame de veiller sur eux et sur leurs camarades qui voguaient en ce moment sur les mers.

Malheureusement pour cet usage, la vapeur a mis la navigation entre les mains des compagnies maritimes, qui ont remplacé les anciens armateurs. Soumis à ces compagnies, nos marins doivent passer à Marseille les courts intervalles que leur laissent leurs voyages, et nous ne les voyons plus à Notre-Dame du Grau.

Il est regrettable que, affaiblis par l'âge et par les fatigues du passé, les vétérans de la marine ne puissent maintenir cette coutume. Il en vient cependant quelques-uns, et leur société a fait pendant longtemps un pèlerinage annuel, qui avait lieu le premier dimanche de mai. Regrettable est aussi l'usage perdu des charpentiers de marine, qui venaient à Notre-Dame du Grau, le dimanche après le 19 mars, confondant la fête de leur céleste patron, saint Joseph, avec un pèlerinage à Notre-Dame du Grau. Cette coutume avait été consacrée par une ordonnance de Mgr Thibault datée du 27 juillet 1841.

Si les marins ne sont plus là le samedi, il y a toujours quelques personnes dévouées au culte de la Vierge agathoise; à la belle saison, surtout pendant le mois de mai, le nombre en est parfois considérable. Souvent des voix s'y font entendre en de pieux cantiques, et toujours, après les prières établies en faveur des associés et des bienfaiteurs, le prêtre entonne le *Salve Regina*, dont le chant est poursuivi avec piété par l'assistance.

On a établi à Notre-Dame deux œuvres. La première a pour but la prière pour l'enfance et la consécration des enfants à Notre-Dame du Grau. Elle est appelée la Recommandation. La seconde, sous le titre d'Association en l'honneur de Notre-Dame du Grau, s'adresse aux adultes et a pour fin la prière pour l'Église, le diocèse et la France.

APPENDICES

I. Propriétaires de Notre-Dame du Grau, sauf la Genouillade, depuis 1802

Maxence Meau, précédemment Père Sever d'Agde, capucin. Il acquit avec le suivant, et fut propriétaire jusqu'à sa mort, arrivée en 1820, à Bessan, où il était curé.

Jean-Baptiste Fabry, précédemment Père Jacques de Saint-Thibéry, capucin. Copropriétaire avec le précédent ; il le resta jusqu'à l'année 1819, qui fut celle de sa mort, arrivée à Notre-Dame, où il était aumônier.

Marie-Rose-Geneviève Gillan, veuve Reboul, héritière du P. Fabry, pour les trois sixièmes.

Marguerite-Immortelle Meau, épouse Pascal-Marie Simouneau, pharmacien.

Jeanne Meau, épouse de Bernard Réveille, capitaine marin.

Jean-Baptiste-Guillaume Meau, docteur en médecine, à Agde.

Ces trois derniers héritèrent du P. Meau, chacun pour un sixième. Avec l'héritière du P. Fabry ils restèrent propriétaires jusqu'au 5 juillet 1827, époque à laquelle ils vendirent au suivant, par acte passé devant Me Masson, notaire à Agde, pour la somme de 4000 francs.

Ils posèrent pour conditions que le culte catholique serait perpétuellement exercé à Notre-Dame, et qu'il serait célébré aussi à perpétuité six messes, par les soins des propriétaires, pour les restaurateurs du Sanctuaire.

François Gioda, dit P. Joseph, capucin espagnol, venu des missions de Turquie. Déjà aumônier, sous la dépendance du curé de Saint-Sever, il acquit des précédents et fut propriétaire jusqu'à l'année 1832. Ses prétentions s'attribuant des droits

paroissiaux, et son originalité excentrique en chaire lui ayant
attiré des observations de la part de l'autorité diocésaine, il se
défit de sa propriété par un double acte passé devant Mᵉ Grasset,
notaire à Montpellier, les 2 mai et 3 octobre 1832. En homme
très habile, Gioda s'était réservé la jouissance, et, pour l'y
faire renoncer, il fallut ajouter 6.000 francs à égale somme
qu'il avait déjà reçue pour la vente. C'était la raison des deux
contrats.

L'abbé Peytal, prêtre, professeur de physique au Grand
Séminaire de Montpellier. Il acheta au précédent par les
contrats et aux conditions ci-dessus, et cela uniquement par
dévouement, à la prière des curés de la ville, qui désiraient,
avec raison, voir disparaître l'excentrique Gioda, qui se
retira en effet à Béziers. L'abbé Peytal fut propriétaire, sans
exiger aucune redevance, jusqu'à l'année 1850, où il mourut.

L'abbé Alauzet, prêtre. Ami et ancien élève de l'abbé Peytal, il en fut l'héritier et conserva la propriété de Notre-
Dame jusqu'à sa mort, arrivée en l'année 1865. On doit lui
reprocher de n'avoir pas, comme l'abbé Peytal, choisi un prêtre
pour héritier. On aurait évité un conflit qu'il convient de
passer sous silence.

Henri Privat, négociant, et *Gabriel Privat*, ingénieur et
architecte, domiciliés à Montpellier, héritèrent de l'abbé Alauzet ; et, peu satisfaits d'une propriété qui ne leur rapportait
aucun revenu, ils vendirent au suivant, par acte passé devant Mᵉ Coste, notaire à Montpellier, le 2 juin 1868, pour la
somme de 7.000 francs.

Etienne-Marc-Emmanuel Martin, docteur médecin, à Agde,
ayant acquis des précédents, garda la propriété de Notre-
Dame jusqu'au 15 décembre 1872, époque à laquelle il vendit
à la ville, représentée par le maire Coste-Floret, par acte passé
devant Mᵉ Lignon, notaire à Agde, pour la somme de 15.000 fr.,
plus 337 fr. 50 d'intérêts du 1ᵉʳ janvier au 2 juin 1873. Il
posa comme condition que le culte catholique serait maintenu
perpétuellement à Notre-Dame et sur ses dépendances.

La Ville d'Agde acquit cette propriété grâce à une souscription faite dans son sein et dans diverses paroisses du diocèse

qui produisit 16.630 fr. 60. Elle accepta en même temps les conditions dont les souscripteurs se réservèrent de pouvoir exiger l'exécution par toutes les voies de droit. On verra ces conditions et leur acceptation dans un autre appendice.

II. Propriétaires de la chapelle de la Genouillade

Pour en avoir fait l'acquisition pendant la Révolution, étaient propriétaires chacun pour un tiers :

Maxence Brunel, charcutier à Agde ; *Louis Ravaille*, avocat à Agde ; *Alex. Arnaud*, d'Agde.

Leur intention, en achetant, avait été d'assurer plus tard le culte catholique dans la chapelle.

L'abbé Peytal acquit le tiers de Ravaille le 16 juillet 1832, et celui de Brunel le 18 juillet 1834, par actes passés devant Me Massip, notaire à Agde, le tout pour la somme de 600 fr. Arnaud ne voulut pas vendre, et il avait sans doute un but louable, comme on le verra plus bas.

Après l'abbé Peytal, et pour les deux tiers seulement, la propriété de la Genouillade passa aux propriétaires qui viennent après lui dans le précédent appendice.

Pour le troisième tiers :

L'abbé Valat, prêtre. Précepteur des enfants d'Alex. Arnaud, il reçut de celui-ci donation gracieuse le 31 décembre 1841.

Mgr Thibault, évêque de Montpellier. Il devint propriétaire du tiers qui avait appartenu à Alex. Arnaud, par donation que lui en fit l'abbé Valat, par acte passé par devant Me Isidore Anduze, notaire à Montpellier, le 21 octobre 1842. L'abbé Alauzet l'a-t-il su ? Si oui, il aurait dû l'imiter.

Les Évêques de Montpellier sont donc propriétaires d'un tiers de la Genouillade. Ils n'en retirent aucune redevance, et en laissent la jouissance à la Commission administrative, qui reste chargée de l'imposition afférente à ce tiers.

III. Aumôniers de Notre-Dame du Grau depuis 1802

Le P. Meau fut aumônier de Notre-Dame jusqu'à sa nomination à la paroisse de Bessan.

Le P. Fabry remplit les fonctions d'aumônier d'abord ensemble avec le P. Meau, puis seul, après la courte interruption pendant laquelle il desservit la paroisse de Pomérols.

L'abbé Valade, curé de Saint-Sever, et plus tard archiprêtre de Saint-Étienne. Après la mort du P. Fabry, Mgr Fournier, évêque de Montpellier, le chargea du service de Notre-Dame avec la latitude de se procurer un prêtre qui remplirait les fonctions d'aumônier sous sa dépendance. La raison de cette faculté est que d'un côté, le curé n'ayant qu'un vicaire et étant cependant chargé de l'hôpital, il n'aurait pu suffire à la tâche, et de l'autre, l'évêque ne pouvait lui donner un second vicaire, les vides causés par la Révolution ne pouvant pas encore être comblés.

François Gioda, que nous avons déjà vu propriétaire de Notre-Dame. Débarqué à Marseille et cherchant une position, il fut signalé à l'abbé Valade par un marin. Le curé le fit venir et lui confia Notre-Dame, dont il fit le service jusqu'à l'année 1832. Nous avons dit, plus haut, pourquoi il se retira.

L'abbé Valade. Avec son unique vicaire, il dut reprendre le service de Notre-Dame après le départ de Gioda, mais il en fut déchargé en 1836 par Mgr Thibault, qui envoya trois prêtres espagnols réfugiés. De ces trois prêtres, qui furent bientôt saisis par les fièvres, un mourut peu après à l'hôpital, un autre essaya de rentrer en Espagne, et le troisième se retira à Béziers, après avoir fait le service pendant quatre ans.

L'abbé Fallet. Déjà aumônier de l'hôpital, qu'il n'abandonna pas, il fut installé, nous l'avons déjà dit, le 15 août 1840, par Mgr Thibault. Avec lui, l'aumônerie devint indépendante du curé de Saint-Sever, pour le rester jusqu'en

1865. Nous rappelant ici son œuvre si laborieuse et si féconde, nous pouvons bien dire que l'abbé Fallet fut le vrai restaurateur du vénérable Sanctuaire de Notre-Dame du Grau.

L'abbé Reynes. Aumônier des Augustins à Montpellier. Il succéda à l'abbé Fallet en 1853, et resta cinq ans à Notre-Dame.

L'abbé Grès, curé à Caussiniojouls, remplaça l'abbé Reynes, en 1858. Après sept ans de service, ses infirmités l'obligèrent à se retirer à Montagnac, son pays natal.

L'abbé Abram, curé de Saint-Sever. Il reçut de Mgr Le Courtier, évêque de Montpellier, l'aumônerie de Notre-Dame après le départ de l'abbé Grès, et l'administra jusqu'au 14 juillet 1868, ayant reçu pour cela un troisième vicaire. A cette date, il se retira de Notre-Dame avec l'approbation de l'évêque, et le culte fut interrompu jusqu'à l'année 1873.

L'abbé Deilles. Déjà nommé à l'aumônerie de l'hôpital, qu'il garda, il reçut sa nomination à celle de Notre-Dame, le 29 avril 1873, le jour où Mgr Le Courtier vint inaugurer, par une belle fête, la reprise du culte dans la chapelle. Grande fut la joie de la ville et des environs, qui avaient envoyé à cette solennité une multitude de pèlerins difficile à évaluer. L'abbé Deilles fit le service de Notre-Dame pendant vingt-deux ans, et mourut, plein de vertus et de mérites, le 22 octobre 1895. Il repose, en attendant la résurrection, à l'orphelinat du Sacré-Cœur, dont il fut le fondateur, et se trouve derrière le maître-autel de la chapelle enfin terminée.

IV. Historiens de Notre-Dame du Grau

Le Père Archange de Lyon, capucin, neveu par sa mère de l'évêque d'Agen, Nicolas de Villars. Homme remarquable, il occupa, à plusieurs reprises, les plus hautes charges de la province, et mourut à Toulouse le 11 octobre 1630. Son histoire de Notre-Dame du Grau est encore entre les mains des Capucins, d'après ce qu'en dit le P. Ernest-Marie, dans son ouvrage intitulé : « Sous le manteau de Marie ».

C'est ce même P. Archange qui, étant allé à Rome assister, en sa qualité de provincial, au chapitre général du 24 mai 1613, négocia, auprès du pape Paul V, les conditions de la réconciliation du connétable de Montmorency avec l'Église.

Le Père François de Toulouse, capucin. Il fut gardien du couvent d'Agde du 9 août 1658 au 27 août 1660, et mourut à Toulouse le 26 avril 1678. Son histoire de Notre-Dame du Grau est perdue.

Auteur inconnu de l'Auréole de la Sainte Vierge, recueil des miracles opérés à Notre-Dame du Grau, jusqu'en l'année 1726. — Introuvable.

L'abbé Martin d'Agde. Son travail est daté de l'année 1843, et est aujourd'hui très rare, ne se trouvant qu'en des mains privilégiées. Homme remarquable par l'élégance de sa parole, l'abbé Martin est appelé la « Bouche d'Or » par les Agathois, fiers de leur concitoyen. Il mourut curé de Saint-Denis, à Montpellier.

L'abbé Vidal, missionnaire apostolique et aumônier de l'oratoire Saint-Augustin, à Montpellier. Neveu du précédent, il en a reproduit le travail, en le divisant en chapitres, et en y ajoutant une nomenclature des pèlerinages venus à Notre-Dame du Grau depuis 1873 jusqu'à l'année 1886. De plus, il l'a fait suivre de prières et de cantiques qui en font un vrai manuel du pèlerin. — L'édition est épuisée.

L'abbé Mariès, agathois, ancien curé de Saint-Jude, à Béziers. Il a donné surtout les faits arrivés à Notre-Dame pendant la Révolution et les temps qui l'ont suivie jusqu'à l'année 1873. — Rare.

Charles Laurens, ancien architecte de la ville d'Agde. Il a écrit une notice très documentée sur les chapelles du Rosaire que l'on voyait jadis sur les bords de l'ancien chemin qui conduisait de la ville à Notre-Dame. — Rare.

Courte notice, sans nom d'auteur, datée du 3 mai 1833. C'est cette notice qui nous renseigne sur le rétable actuel et sa statue.

V. Administration temporelle de Notre-Dame du Grau

Depuis l'année 1802 jusqu'à l'année 1840, le temporel de Notre-Dame fut géré par l'aumônier, presque toujours propriétaire, à ses risques et périls, et n'ayant aucun compte à rendre.

Le 24 octobre 1840, Mgr Thibault nomma une commission composée des deux curés de la ville, de l'aumônier et de l'abbé Peytal, mais à l'exclusion de ses successeurs dans la propriété. Cette commission fonctionna à travers la succession des aumôniers jusqu'au jour où Mgr Le Courtier confia l'aumônerie à l'abbé Abram, curé de Saint-Sever.

A partir de ce jour, ce fut la Fabrique de Saint-Sever qui eut la gestion des revenus de Notre-Dame, et il en fut ainsi jusqu'à l'année 1868, en laquelle le culte fut suspendu.

A la reprise du culte, en l'année 1873, Mgr Le Courtier nomma une commission spéciale. D'après l'ordonnance de l'évêque, cette commission doit se composer de cinq membres plus l'aumônier, et tout droit de nomination des membres est réservé à l'évêque pour le renouvellement soit partiel soit complet de cette assemblée. L'aumônier présente les sujets à l'autorité diocésaine, se conformant autant que possible aux désirs du pays, qui tient à voir cette Commission composée de capitaines marins. Il s'entend d'ailleurs avec la Commission pour le choix à faire.

VI. La propriété de Notre-Dame du Grau
et les droits des souscripteurs

Il existe dans les archives de Notre-Dame du Grau une brochure in-4°, dont un exemplaire fut remis à chaque souscripteur, lors du rachat des chapelles et de leurs dépendances. Cette brochure a pour titre : *Recueil des actes et documents relatifs à l'acquisition de Notre-Dame du Grau, de la Genouillade et dépendances, par la Ville d'Agde*. Elle renferme, avec l'acte de vente et celui de la souscription, les diverses pièces épiscopales, préfectorales et municipales qui préparèrent la vente.

Il est inutile de reproduire toutes ces pièces dans leur intégrité, et nous nous bornons à donner ce qui assure les droits des souscripteurs :

1° A l'article 2 de l'acte d'acquisition, il est dit :

« Pour cette acquisition ayant pour but et condition la consécration de l'antique Sanctuaire de Notre-Dame du Grau et de ses dépendances au culte catholique, les souscripteurs stipulent que l'acceptation de leurs souscriptions aura pour effet d'obliger la Ville envers les souscripteurs, à l'observation de cette condition, c'est-à-dire de consacrer perpétuellement la chapelle et ses dépendances au culte catholique, sans qu'il en résulte pour les souscripteurs un droit personnel de propriété sur ladite chapelle et ses dépendances, qui resteront en entier, nonobstant leur concours au paiement, la propriété de la Ville.

» Mais chacun des souscripteurs se réserve, pour lui et pour ses héritiers ou ayant-cause, le droit de veiller et, au besoin, de rappeler la Ville à l'exécution desdites conditions, par toutes les voies de droit ».

2° Le maire, Coste-Floret, déposant les titres de souscription sur le bureau en séance du conseil municipal, s'exprima en ces termes :

Elles portent en substance ce qui suit :

1° Que l'acceptation des souscriptions oblige la Ville envers les souscripteurs, à consacrer perpétuellement au culte catholique la chapelle et ses dépendances, sans qu'il en résulte pour les souscripteurs aucun droit personnel de propriété. Mais que chacun des souscripteurs se réserve le droit de rappeler la Ville à l'exécution de cette obligation par toutes les voies de droit.

3° Sur ce, l'assemblée municipale délibéra sur la question, et la délibération porte :

Article premier. Le conseil accepte au nom de la Ville :

» 1° Les souscriptions consenties par divers souscripteurs, s'élevant à 16.630 fr. 60, suivant l'état et les listes présentées au Conseil.

» 2° Les conditions stipulées par les souscripteurs et notamment celle qui oblige la Ville à consacrer perpétuellement la chapelle de Notre-Dame du Grau et ses dépendances au culte catholique ».

Il faut remarquer que soit le Maire, soit le Conseil, chacun déclare que l'acceptation des conditions des souscripteurs devait être mentionnée dans l'acte de dépôt des listes chez le notaire.

4° La délibération du Conseil municipal ayant été communiquée au Préfet, celui-ci prit un arrêté dans lequel il est dit :

.« Article premier. La Ville d'Agde est autorisée :

» A accepter aux conditions mentionnées dans les listes de souscription, ces souscriptions volontaires... etc.

Dans le § 1° de l'arrêté préfectoral il est parlé des conditions posées par le vendeur ; or, ces conditions sont toujours les mêmes. Voici, en effet, ce qui est dit dans l'acte de vente :

Article sixième. La chapelle de Notre-Dame du Grau, celle de la Genouillade et leurs dépendances, seront cédées par le vendeur à la Ville, à la condition expresse que lesdites chapelles seront et demeureront perpétuellement consacrées au culte catholique ».

Et maintenant, que penser après toutes ces citations, sinon que la Ville ne saurait être propriétaire discrétionnaire ? N'est-elle pas, au contraire, liée par les conditions qu'elle a acceptée ? Elle ne peut donc, sans abus, ni aliéner la moindre parcelle de la propriété, ni interdire les cérémonies religieuses, même en dehors de l'église. Que l'on remarque, en effet, l'insistance avec laquelle les dépendances elles-mêmes sont déclarées comme devant être consacrées au culte catholique.

Les droits des souscripteurs sont donc certains, à tous les points de vue. Mais à qui appartient-il de les revendiquer dans l'occasion? A notre avis, ce devoir incombe à la Commission administrative, représentant-né des souscripteurs, sauf appel à leur adresser pour les dépens.

VII. Le vœu de la ville à Notre-Dame du Grau et les Augustins

Au chapitre IV de cette histoire, il a été dit que l'on verrait dans un appendice la solennité avec laquelle les premiers Augustins accomplissaient le vœu de la ville dont ils étaient chargés.

Tout d'abord ils n'assistèrent à la première procession, faite après la Révolution, que comme invités de la paroisse Saint-Étienne, et cependant, même dès ce jour, ils se chargèrent de toute la solennité à donner à cette procession. Voici, en effet, un extrait des délibérations de leur Conseil du 9 septembre 1806 :

« Il a été fait lecture de la lettre d'invitation de MM. les Marguilliers, après quoi la discussion a été ouverte. Le Conseil administratif a considéré que la procession dont s'agit, doit être faite en corps de paroisse ; il a considéré encore que dans cette circonstance, il paraît convenant de procurer à la Congrégation, qui n'a pu cette année, d'ordre exprès de Mgr l'Évêque et sans motif fondé, célébrer extérieurement la fête patronale, un juste dédommagement de la privation qu'elle a éprouvée (1) ; par ces motifs, il a été délibéré :

» La Congrégation assistera en corps à la procession que la paroisse Saint-Étienne doit faire le 14 courant à Notre-Dame du Grau. Dans cette procession il sera déployé toute la pompe que les localités peuvent permettre, le buste du saint patron sera porté dans un pavillon richement décoré ;

---

(1) Par suite d'un fâcheux malentendu, Mgr Roret s'était trouvé indisposé contre les Augustins. L'évêque ayant démissionné, ils profitèrent de l'invitation qui leur était faite.

il sera fait un cœur enflammé, lequel sera placé sur un piédestal décoré avec élégance ; il sera placé vis-à-vis de l'emplacement de l'ancienne Croix de Mission (1), un navire pavoisé d'où il sera fait sept salves d'artillerie quand la procession passera, soit en allant à Notre-Dame, soit au retour.

» M. le Maître de chapelle est invité à faire exécuter des chœurs et des morceaux de musique analogues à la fête.

» M. le Prieur est autorisé à expédier les mandats nécessaires à l'acquit de toutes les dépenses qu'occasionnera cette cérémonie ».

Suivent les signatures.

Nous avons dit que les Augustins assistèrent à cette procession seulement comme invités. Cela ne pouvait suffire à leur dévotion, et ils résolurent de demander à être chargés du vœu. Voici l'extrait de la délibération relative à cette demande

Après avoir nommé quatre membres chargés d'aller présenter les hommages de la Congrégation au nouvel évêque, Mgr Fournier, on délibéra en ces termes :

« Sur les observations d'un de ses membres, les députés nommés ci-dessus ont reçu la commission expresse de présenter à Mgr l'Évêque de Montpellier une supplique pour obtenir la faculté de célébrer, comme fête patronale, celles de saint Augustin et de sa bienheureuse mère, et pour demander que la Congrégation puisse être chargée de remplir le vœu fait par la ville d'Agde en 1721, d'aller processionnellement à la chapelle de Notre-Dame du Grau, chaque année, dans l'octave de la Nativité de la Sainte Vierge, vœu que le Chapitre d'Agde a rempli exactement jusqu'au moment de sa suppression ».

Suivent les signatures.

---

(1) Cette croix se trouvait probablement non loin de l'endroit où l'on voit aujourd'hui celle de la famille Cauvy-Boyer. Elle avait été abattue pendant la Révolution parce qu'on y voyait sculptées des fleurs de lys.

Voici l'ordonnance épiscopale dont on remarquera la latitude sans restriction aucune :

« Vu la présente supplique, nous accordons à la Congrégation établie sous l'invocation de saint Augustin, dans l'église paroissiale de Saint-Étienne de la ville d'Agde, les permissions et les autorisations dont la demande nous est exprimée dans la présente supplique. Les cérémonies religieuses et les exercices du culte public, que la Congrégation est autorisée par Nous à pratiquer, se feront toujours sous le surveillance et la direction de M. le Curé de ladite paroisse d'Agde.

Donné à Montpellier, etc.

† M. N., évêque de Montpellier, aumônier de Sa Majesté.
Par mandement, Pagès sec^{re} ».

Muni de cette ordonnance, le rapporteur de l'assemblée générale du 23 août 1807 pouvait dire :

« Il m'est bien agréable d'avoir à vous annoncer que notre situation s'est améliorée sous tous les rapports,. puisque nous avons obtenu de Mgr l'Évêque, non seulement de célébrer solennellement les fêtes de saint Augustin et de sa bienheureuse mère, sainte Monique, mais encore le *droit exclusif* de remplir à perpétuité le vœu fait par la ville en 1721 ».

Il est à remarquer que les Augustins tenaient tellement au droit exclusif d'accomplir le vœu que, obligés de restreindre leurs dépenses à cause des œuvres charitables qu'ils exerçaient (1), ils ne voulaient pas cependant supprimer les dépenses occasionnées par la procession, tandis qu'ils réduisirent celles des fêtes de saint Augustin et de sainte Monique. C'est ce qu'on voit dans la délibération suivante :

« Cejourd'hui quatre septembre mil huit cent huit, le Conseil d'administration de la Congrégation... etc.

---

(1) Ils venaient au secours des membres besoigneux de la Congrégation, et ils votèrent la somme de 240 francs pour aider l'évêque dans l'ameublement des chambres des séminaristes et une rente annuelle à perpétuité, toujours en faveur du Séminaire.

» Au second chef, M. le Grand-Maître de chapelle a dit :

» Messieurs, dimanche prochain est l'époque à laquelle nous allons processionnellement, chaque année, à Notre-Dame du Grau. La messe en musique que j'ai composée, et que vous désirez que je fasse chanter, nécessite une dépense de cent cinquante francs, pour les musiciens étrangers que je suis obligé d'appeler. Cette somme se compose non seulement du repas qu'il faut donner à ces messieurs, mais encore du transport des chaises, des instruments et des gardes qu'il faut payer pour maintenir l'ordre dans l'église, à cause de l'affluence du monde qui s'y rend. Je vous invite à délibérer sur ma proposition.

» Le Conseil, jaloux de seconder les vues du Grand-Maître de chapelle, déterminé comme il l'est de retrancher de toutes les autres fêtes tout ce qui peut occasionner de la dépense, voulant cependant donner à celle-ci tout l'éclat et la pompe qu'elle peut comporter, arrête :

» M. le Prieur est autorisé à expédier un mandat de 150 francs en faveur de M. le Secrétaire, qui s'entendra avec le Grand-Maître de chapelle pour tous les détails ultérieurs de la cérémonie.

» Plus n'a été délibéré.

» Laffon s^re ».

VIII. **Tableaux de marine**

On voit dans les chapelles de Notre-Dame du Grau beaucoup de tableaux-médaillons et de boîtes vitrées d'une élégance douteuse, que l'on prend pour autant d'actions de grâces. Il faut bien le dire, ce ne sont que des souvenirs de Première Communion ou de mariage. Ne voit-on pas même de ces images que les curés donnent à l'occasion du jour où l'enfant s'est approché pour la première fois de la Sainte Table? Tout cela n'a pas grand intérêt pour le pèlerinage.

Tout autre chose sont les nombreux tableaux de marine, dont la plupart portent la mention d'un vœu fait à la Vierge du Grau dans le danger. Il n'est pas sans intérêt de donner ici les légendes de ces tableaux, que nous avons relevées.

Après les réparations faites à la chapelle, les numéros que nous donnons ne correspondent plus à la place qu'occupe chaque tableau.

1. Vœu fait par le cap^{ne} Such, de la tartane *La Confiance*, assaillie par un coup de vent d'O. dans le golfe de Valence, dans la nuit du 22 septembre 1836, venant de Séville chargée d'huile pour Cette.

2. Le *Louis-Antoine*, d'Agde. Directeur F^{çois} Vidal.

3. Vœu fait par le cap^{ne} Louis Bélitrand, commandant le brick *Auguste*, naufragé sur la plage de Mogador, par un coup de vent de S.-O., le 6 janvier 1856, à 4 heures du matin. De huit navires sur rade, un seul a tenu bon.

4. Vœu fait par le cap^{ne} Barhy, commandant le brick français *Alla-Kerini*, d'Agde, fuyant devant le temps par un coup de vent de N.-O., le 24 décembre 1861, par 37° 22′ de latitude N. et 17° 55′ de longitude E.

5. Vœu fait par le cap^{ne} P. Barastou, du brick *Marie-Louise*, assailli par un coup de vent d'E. et d'une forte voie d'eau, forcé d'échouer à terre de l'île Giosse, cap de Palos, le 17 janvier 1837, à 11 h. du matin.

6. Ex-voto fait par J^h Émilien Oullié, embarqué sur le brick *Androgine*, cap^{ne} F^{çois} Coulomb, assailli d'un coup de vent de O.-S.-O, par 48° 45′ de latitude N. et 9° 30′ de longitude O., le 8 août 1828.

7. Vœu fait par Mme Émilie Maraval, épouse du cap^{ne}, se trouvant à bord du brick *Le Messager*, de Syrie, assailli le 5 mai 1837 par un coup de vent de O.-S.-O. à 15 lieues O. du cap Muro (Corse), forcé de passer par le détroit de Bonifacio.

8. Position critique du brick *Saint-Joseph*, cap^{ne} Barhy-Bringuier, assailli par un coup de vent de S.-O dans la nuit du 9 mars 1884, par 45° 58′ latitude N. et 18° 15′ longitude O., venant de Port-au-Prince (Haïti).

9. Vœu fait par Anselme Galibert, lieutenant du brick *Le St-Esprit*, cap^{ne} J.-J. Galibert, assailli d'un coup de vent N.-N.-E. sur le passage de Cassandre (golfe de Salonique), du 22 au 23 décembre 1828, l'obligeant à mouiller, à 2 h., à Scopoli (île de l'Archipel).

10. Position du brick *Le Consolateur*, cap^{ne} Eug^{ne} Pailloux, assailli dans la nuit du 26 au 27 novembre 1838 par un coup de vent de S.-O. dans le golfe de Gascogne, à 40 lieues dans le N.-O. du cap Finistère.

11. Ex-voto fait, le 28 mars 1840, par Louis Jourdan, à bord du bateau *Le Chevalier-Feurer*, conduit par le cap^{ne} Michel Cabane.

12. Brick J^{nr} *Edmond*, d'Agde, assailli par un coup de vent N.-N.-O. dans la nuit du 14 décembre 1836, étant à environ 45 milles dans l'O. de l'île de Corse. Vœu fait par M. Bar^{my} Cendres et Mme Cendres née Thei, Claude Pujol, Martin Michel, Ange et Robert Augustin.

13. Vœu fait par le cap^{ne} Casimir Allemand, commandant le brick français *Perle d'Orient*, se trouvant assailli par une rafale de vent du S., affalé sur la côte de Calabre le 27 décembre 1846.

14. Vœu fait par le cap^{ne} J^{n} Barastou, commandant le brick *La Marie*, assailli le 21 novembre 1852, à 9 h. du matin, par un coup de vent O.-N.-O. dans le golfe de Gascogne, par 46°12' latitude et 10°15' longitude O., obligé de relâcher à Paimbœuf.

15. Vœu fait par le cap^{ne} Bacou, commandant le navire *Pauline* de Dunkerque, essuyant un coup de vent de N. N. O. dans le golfe du Lion les 8, 9 et 10 février 1865.

16. Position du navire *Théodoric*, cap^{ne} Puginier, assailli par une tempête de N.-O. le 25 novembre 1856, se trouvant à 22 lieues dans l'ouest de Porte-Corté de Sardaigne, et reçut un coup de mer qui engagea le navire, et resta environ 1 h. dans cette triste position.

17. Position critique du vapeur *Anatolie*, cap^{ne} Lucien Garrigues, assailli par un coup de vent d'O. Dans la mer Ionienne le 17 janvier 1892.

18 Cayrou Antoine.

19 Vœu fait par le cap^ne Charles Blanquefort, commandant le *Laurel*, de Marseille, assailli dans le golfe du Lion par un coup de vent de N.-N.-O., engagé pendant 2 h., forcé de couper le mât d'artimon pour faire arriver le navire le 15 décembre 1862, à 2 h. du matin ; entre de relâche à Mahon le 15 dit, chargé d'arachide.

20 Brick et bombarde l'*Heureuse Marie*, dédié à Notre-Dame du Grau par le cap^ne J^n-Pierre Brun, d'Agde, le 8 avril 1811.   Nicolas Caumilieri, pinxit.

21 Aviso vapeur *Le Castor*, commandant Julien, lieutenant de vaisseau. Port du Frioul, golfe de Marseille, coup de vent du S. dans la nuit du 23 au 24 décembre 1862.
                                        Ch. Roux.

22. *Émilie*, commandée par le cap^ne Roque, d'Agde, 1862.

23. Position critique du brick *Aimé et Roselle*, cap^ne P^re Lafon, dans l'ouragan du 28 octobre 1825, mouillé à la rade de Vera-Cruz, près l'île Sacrifice.

24. Brick-goëlette *La Rose*, cap^ne Brun..... surpris par un coup de vent... (le reste illisible).

25. Brick *Le Pacifique*, donné à N.-D. du Grau par le cap^ne Antoine Hot.

26. Ex-voto fait par le cap^ne André Bonnaric, le 26 juin 1822, à 1 h. du soir, se trouvant au passage de l'île Rioux, à demi-heure dans l'Est.

27. Le *St-Joseph*, cap^ne Remès, le 19 décembre 1856, à 8 h. du soir.

28 Bombarde la *St-Pierre*, cap^ne J.-B. Pederrou, destinée pour Toulon et surprise par un ouragan, et obligée d'aller s'échouer à Senary, le 6 décembre 1811.

29. Brick *Le Beffroi*, cap^ne Lupy Auguste, naufragé dans le golfe de Fayet, de terre l'île St-Michel (Açores) 1er décembre 1857, à 4 h. du soir, par un coup de vent de S. O.
                                Jean Jouve, lieutenant.

30. Position critique du brick-goëlette *André et Camille*,

commandé par le cap^ne F^çois Col, sur la barre de Salé, le 25 mai 1849, à 3 h. du soir. Dédié à N-D. du Grau par Castan, Joly, Sers, Olivier, tous d'Agde.

31. *Les Deux Frères*. ... (le reste illisible sauf la mention : Vœu fait par le cap^ne Etienne.

32. Vœu fait par le cap^ne F.-P. Bringuier, sur *Le Tignaux*, le 11 octobre 1808, à 1 h. 1/2 du matin.

33. L'*Étoile d'Orient*, cap^ne Guiraud, échoué dans la nuit du 28 au 29 avril 1846.

34. *Ernest et Blanche*, cap^ne Austry aîné, dédié par M. Corrège, constructeur, à MM. Etienne Péret fils, Lignères et de Jacomet, armateurs d'Agde.

35. Vœu fait à N.-D. du Grau d'Agde par le cap^ne F^çois Allemand, commandant le brick *François Michel et Marguerite*, armateur Jacques Tardieu, ayant une voie d'eau à la suite d'une tempête, sombrant à 6 milles dans l'O. du cap Baffa, île de Chypre, le 22 décembre 1858. A midi l'équipage abandonne le navire.

36. Vœu fait par J^h Vidal, fils de F^çois Boulaigo, Jean Lafeuille, fils de Guillaume, et J^n Valette, tous d'Agde, embarqués pour matelots sur le navire l'*Escaut*, de Marseille, assailli par un coup de vent de N.-O...... le banc de Cass...... le 3 janvier 1822.

37. Vœu fait par le cap^ne E. Barrech, commandant le navire *Gaston et Lina*, assailli par un coup de vent de O.-N.-O., le 28 mars 1864, dans l'ouest de la Sardaigne.

38. Ex-voto de la position dangereuse du brick *Le Père Chéri*, cap^ne Pélicard, d'Agde, le 16 mars 1827, dans le S.-S.-E. de l'île Tolar. Distance 7 lieues... île Sardaigne.

39. Ex-voto de L^r Aussenac et P. Casimir, naufragés sur la bombarde *Confiance*, d'Agde, cap^ne Barrière, à Porto-Cholo, île de Sardaigne, le 3 mars 1820.

40. *France et Mexique*, cap^ne Bigegaray, par un coup de vent de S.-O., le 25 février 1862, latitude 38°, longitude 60°,

Le cap^ne Réveille, passager rapatrié après son naufrage à Carmen (Mexique), promet à N.-D. le tableau de cette triste position.

41. Vœu fait par Cendres F^çois, le 15 novembre 1839.
Le bâteau *La Clotilde*.

42. *Honorine*, cap^ne Léon Bras.

43. Brick *La Jeune Mion*, cap^ne François Inquembert, abordé par la polacre *La Mère de Famille*. F^çois Picaud, la nuit du 18 mars 1818, à 4 h. 1/2 du matin, à 2 h. à l'O. de Cavalaira.

44. (Pas d'inscription).

45. Vœu fait par Frédéric Carbon, maître d'équipage à bord du brick *L'Aigle*. Naufragé de la chaloupe sur la barre d'Assinée, le 9 juin 1840, à 11 h. du matin.

46. Vœu du bâteau *Le St-Esprit*, cap^ne Gabriel Artigue, de Lépéan, échoué sur la plage de l'Asturtée, du 19 au 20 décembre 1822, à minuit.

47. Donné par Françoise Raymond, épouse Muratel.

48. Vœu fait par le cap^né Tendel, d'Agde, commandant le brick *Union*, assailli par un coup de vent d'O. dans la nuit du 11 au 12 mars 1827, à 40 lieues dans l'E. de Malte.

49. *Egle*, cap^ne E. Carbonnel. Voyage dans l'Inde, 19 février 1857.

50. Vœu fait par M^s Brun et J^n Brunel, cap^ne et second du brick *L'Indépendant*, naufragé à 2 milles O. du cap Zert-Nabou (Afrique sep^le), le 31 décembre 1838, par un coup de vent du N.

51. Position critique du brick *Émilie*, cap^ne Meinier Anselme, assailli par un coup de vent à la partie du N.-N.-O., le 30 décembre 1846, à 9 h. du soir, sur le cap Tedles (Afrique), à environ un mille de la côte.

52. Vœu fait par A. Cazillac, armateur du navire *Marie*, dans son voyage de la Martinique, 1864.

53. (1) Naufrage du *St-Chrysostome*. Donné par Charles Alléry.

54. Cyclone essuyé par le *Britannia*, cap^{ne} Louis Jauffret, dans le golfe Méaule, le 5 août 1883.

55. Ex-voto fait par le cap^{ne} Esprit Fages, le 30 septembre 1838.

56. Vœu fait par le cap^{ne} André Meinier, commandant le brick *Georges*, le 6 janvier 1855, à midi et demie, sombré à 39 milles dans le S.-O. du cap Cauzir (côte de Syrie), par suite d'une voie d'eau occasionnée par un violent coup de vent de N., recueilli le même jour par le brick turc *Alexandre*.

57. Vœu fait par le cap^{ne} Roussel, commandant le brick *Soleil*, forcé de fuir 14 heures par un coup de vent de N.-O. se trouvant à 60 milles dans le Sud des îles Hyères,

58. Vœu fait par Jean Puginier, passager sur le brick *L'Agathois*, cap^{ne} André Lapeyre, ledit étant tombé de la grande vergue dans la mer, où il est resté pendant 1 h. à se débattre avec les flots. Plusieurs objets ont été jetés à la mer pour le secourir, mais choses inutiles. Cependant deux jeunes matelots ont affronté le danger et l'ont ramené à bord. L'événement a eu lieu vis-à-vis du cap Finistère, le 12 janvier 1834, à 5 h 1/2 du matin.

59. Vœu fait par J. Pamel, M. Cournut et M. J. Montasseil, à bord du brick *Thérésine*, cap^{ne} Suc, venant de New-York, le 12 mars 1835... (le reste illlisible).

60. Ex-voto du *St-Barthélemy*, Cendre, propriétaire. Commandé par Hyppolite Jⁿ, d'Antibes, pendant l'ouragan du 24

---

(1) Aspect vraiment attristant. Obscurité effrayante et, dans le haut, les nuages noirs laissant percer une lueur comme un foyer d'un jaune de feu. Le bateau, échoué contre une énorme falaise, et plus loin des naufragés cherchant à grimper sur une roche qui émerge au-dessus des eaux. A cause des vagues déferlant sans relâche, grande difficulté pour ces malheureux, malgré l'aide de l'un d'eux, qui a réussi mais est menacé d'être emporté. Non loin, un autre naufragé qui lutte contre les flots dans la direction de ses camarades.

décembre 1822, où ils manquèrent tous périr, se trouvant entre les îles d'Elbe, de Corse et de Caprara, où ils eurent un homme emporté de dessus le pont par un coup de mer.

61. Ex-voto d'actions de grâces à N.-D. du Grau, fait par le patron Sanguin, d'Agde, lorsque son bâteau le *St-Bernard* fut démâté par un violent coup de vent de N.-O., le 24 décembre 1817.

62. Ex-voto par le sieur St-Étienne, cap^ne commandant le navire *Jean et Camille*, d'Agde, essuyant une tempête de N.-O., les 14, 15 et 16 janvier 1865, aux environs d'Ouessant.

63. Position critique du navire *Félicie*, cap^ne Anselme Meinier, au passage des Esquerquis, le 10 octobre 1857.

64. Illisible.

65. Vœu fait par J^h Vidal, J^h Montesept, S^on Maraval, Guil^me Cabanel, J^n Barot, faisant partie de l'équipage du brick *Le Gustave*, de Marseille, cap^ne Demore, assailli par un ouragan, le 2 septembre 1836, à 200 lieues de Guadeloupe.

66. Vœu fait par le cap^ne J. Mages, commandant le brick-goëlette *St-Privat*, obligé de relâcher après un coup de vent d'E. à 8 lieues dans le S.O. de Barcelone (côte d'Espagne), le 18 octobre 1884.

67. Vœu fait par le cap^ne Antoine Portal, commandant le *Bélus*, assailli, le 7 septembre 1865, par un coup de vent d'E. étant par 35° 40′ latitude N., 1° 45′ longitude O.

68. Vœu fait par E^ne Combes et E^ne Révillon, assaillis par un coup de vent N.-N.-E. par le travers des Tignes, le 18 décembre 1834; obligés de courir en Sardaigne où ils sont arrivés le 18 dit.

69. Vœu fait par Pierre Bertrand, cap^ne du brick *Providence* d'Agde. Ce navire, se trouvant, le 1er mai 1863, à la hauteur de Lisbonne par 40° latitude N. et 12° longitude O., reçut un coup de mer qui défonça le pont, les plats-bords et enleva les embarcations, dromes et cuisines... etc.

Daleng, pinxit.

70. *L'Athalie*, de Rouen, ayant reçu un coup de vent le

13 mai 1837, à 2 h. du matin, au travers des îles de Majorque, vent d'O.-N.-O. Ex-voto donné par Jean Nicolas.

71. Ex-voto M. Philippe, M. Cannac et Gustave Cannac, officiers sur le vaisseau *L'Escaut,* cap^{ne} Ph^{pe} V^t Cannac, assailli par un coup de vent de N. par 37°33′ latitude N. et 35°5′ longitude... le 26 novembre 1816.

72. Ex-voto de *L'Octavie,* cap^{ne} Lachaud, parti d'Alger le 29 octobre 1836, chargé de chevaux et militaires pour Bône, remorqué par..... dans un coup de vent de N.-O. le 29 dit, étant par le travers du cap Bugaroni, le double de la remorque brisant le gouvernail, la remorque cassa et ledit bâteau nous laissa et continua sa route. Nous arrivâmes à Bône le 30.

73. Vœu fait par le cap^{ne} Pierre Cros, commandant le brick *Architecte,* assailli à l'entrée de la Manche par un coup de vent de N.-E. le 22 août 1864, obligé de laisser arriver pour cause d'une voie d'eau ; le 27 par une saute de vent de S.-O., l'ayant forcé de courir sur la côte de Portugal où le 31 dudit fit côte entre le cap Finistère et Vigo.

74. Don fait par Henri Bras à N.-D. du Grau, le 23 mai 1884.   Saghalien.

75. Vœu fait par Pierre Robert, le 24 mai 1847.

76. Vœu fait par François Defoi, le 21 août 1847.

77. *Philomène,* cap^{ne} Victor Hot, dans la nuit du 18 au 19 mai 1839, entre l'île Mételin et le cap Baba.

78. Vœu fait par le cap^{ne} A. Bringuier, commandant le navire *Bonne-Marie,* assailli par un coup de vent de N.-O. à 30 milles dans le S.-O. de Planier, le 22 novembre 1862.

79. Vœu fait par le cap^{ne} Col Clodomir et son second, Defoix François, à bord du navire *Louis et Marie,* le 22 juin, à 9 h. du matin, engagé dans un grain très violent du S. à 25 milles du cap Trafalgar. Dédié à N.-D. du Grau.

80. Don fait en 1862 par Vacassy père et L. Vacassy fils. d'Agde.

81. Brick ...., cap^{ne} Pailloux, naufragé à Palerme, le 11 novembre 1859, à 9 h. du soir.

82. Don fait par Malaval, commandant le trois-mâts *Larnac*, assailli par un cyclone le 3 septembre 1882, par 4° 15′ Nord et 27° 32′ Ouest, démâté complètement et voie d'eau, recueilli le 5 octobre 1882 par un bâteau vapeur.

83. Vœu fait par le cap^ne Raymond Jouve et son équipage, P^re Lachaud, P^re Durand, B^ste Bourdouille, du brick-goëlette *Bonne-Valaurienne*, assailli du 26 jusqu'au 29 novembre 1849 par un coup de vent de O.-N.-O. étant à 18 milles dans le N.-E..... Mayre, obligé de courir jusqu'à l'Oristant (Sardaigne), venant de Philippeville en destination pour Marseille.

84. Vœu fait par le cap^ne M^el Laborde, commandant le brick-goëlette *Le Doyen*, essuyant au mouillage de Cambier St-Tropez un fort coup de vent de S.-E., du 14 au 15 janvier 1856. Sur trois navires, *Le Doyen* seul a tenu bon.

85. Position critique du brick *Maria*, cap^ne Caussy, affalé, le 15 décembre 1856, à 5 h. du soir, sur l'île de la Magdeleine (bouches de Bonifacio) par un violent coup de vent de E.-N.-E. obligé de forcer de voile pour doubler ladite île et les brisants ; resté jusqu'au 17 à 8 h. du matin.

86. (Couronne de bois).

Vœu fait par Adrien Cazillac, embarqué à bord de *L'Algérie*, tombé à l'eau le 18 juin 1862 à 6 h. du soir et sauvé à 8 h. moins un quart.

87. Vœu fait par le cap^ne Marcel Bonnafé, commandant le brick *La Surveillante*, assailli le 1er janvier 1855, à 60 milles à l'O. de l'île de Candie, par un coup de vent E.-N.-E. A 4 h. après midi le vent saute au S.-O. avec la même force, et grosse mer.

88. Incendie de la barque de canal *Ste-Polonie*, de Cette, patron Durand, dans la nuit du 12 au 13 avril 1873. Noms des personnes qui ont porté secours : Cazeneve et sa famille ; Berthuel et son matelot ; Galibert et ses matelots.

89 Vœu fait à N.-D. du Grau par G^me Puginier, cap^ne du bâteau *Le St-Jean*, dit *Le Bleu*, le 5 juin 1817.

90. Vœu fait par Mme Sèze, se trouvant à bord du bâteau à

vapeur *L'Alger*, le 24 janvier 1868 au moment d'une forte tempête.

91. Vœu fait par J -B. Joulier, cap^ne du bâteau *Le St-Charles*, assailli d'un coup de vent de N.-O. au passage des Roses, le 5 novembre 1875.

92. *La Courageuse Eugénie*, de Cette, cap^ne Marius Belluc, d'Agde, fuyant devant le temps, vent de N.-O. (durée 26 h.), le 9 juin 1862, latitude N. 30° et longitude O. 22° environ. L'équipage en fait abandon le 14 juin 1862 pour cause de la perte du gouvernail et la chute du grand mât (durée 98 h.), et se réfugie à bord d'un trois-mâts anglais, *Eléonore et Wolkington*, cap^ne Blaxter.

93. Vœu fait par Julien Déjean, propriétaire du brick-goëlette *La Consolation*. Ayant essuyé le 6 août 1825 un coup de vent de S. E. il fut obligé le 7 dudit de courir au gré du vent, et de forcer de voile pour venir avant la nuit s'échouer sur la côte d'Aliva dans le golfe de Valence (Espagne), ainsi que huit autres navires, qui subirent le même sort dans le courant de la nuit.

94. *Héliopolis*, cap^ne Gelly Hyppolite.

95. Voto fato de Angelo Mottino alla Madona de Montenegro per aver sofferto fiera tempesta li 4 dicembre 1844 partendo de Marsiglia per Napoli con in brigantino *Egle*.

Don fait Pierre Audier.

Comment se fait-il que ce tableau soit à Notre-Dame du Grau ? Donné par un Français, il semblerait que le capitaine, trompé par la terminaison du mot Montenegro, ait bien eu l'intention de témoigner sa dévotion à Notre-Dame du Grau, dont lui parla sans doute le français.

Dans un premier relevé des tableaux de marine, on en avait trouvé deux qui manquent aujourd'hui. Voici cè qu'on y lisait :

1° Vœu fait par le cap^ne Crouzillac et son équipage, assailli par un coup de vent de S.-O. à 30 milles dans le N. du cap de la Hagire..... le a .... mars 1859, à 2 h. du matin.

2° Vœu fait par le cap^ne J^n Durand, commandant le brick
Le St-Esprit, abordant le 3 juillet 1855, à 3 h. du matin, par
un temps brumeux, le brick espagnol *La Pietat,* étant par
35° 17′ latitude N. et 8 47′ longitude O. distant de 22 milles
d'Arache.

Avant 1895, on voyait quelques autres tableaux, tellement
attaqués par la moisissure provenant de l'humidité du mur,
qu'ils tombèrent en poussière. C'est parmi ces tableaux que
se trouvait sans doute celui de la famille de Rascas.

ERRATA

Page 20 ligne 29, *lire* cinq cents, *et non* cinq.
— 25 — 9, *lire* Fallet, *et non* Tallet.
— 28 — 25, *lire* pères *et non* frères.
— 31 — 36, *lire* Cavin S^t L^t, *et non* Cavin S^t G^t.
— 39 — 12, *lire* épouse de Pascal, *et non* épouse Pascal.
— 46 — 8, *lire* Cette acquisition, *et non* Pour cette acquisition.

Appendice annoncé au 1er alinéa du Chap. I : supprimé.

TABLE DES MATIÈRES

Montpellier. — Roumégous & Déhan.

www.ingramcontent.com/pod-product-compliance
Lightning Source LLC
LaVergne TN
LVHW022118080426
835511LV00007B/885